INHALT

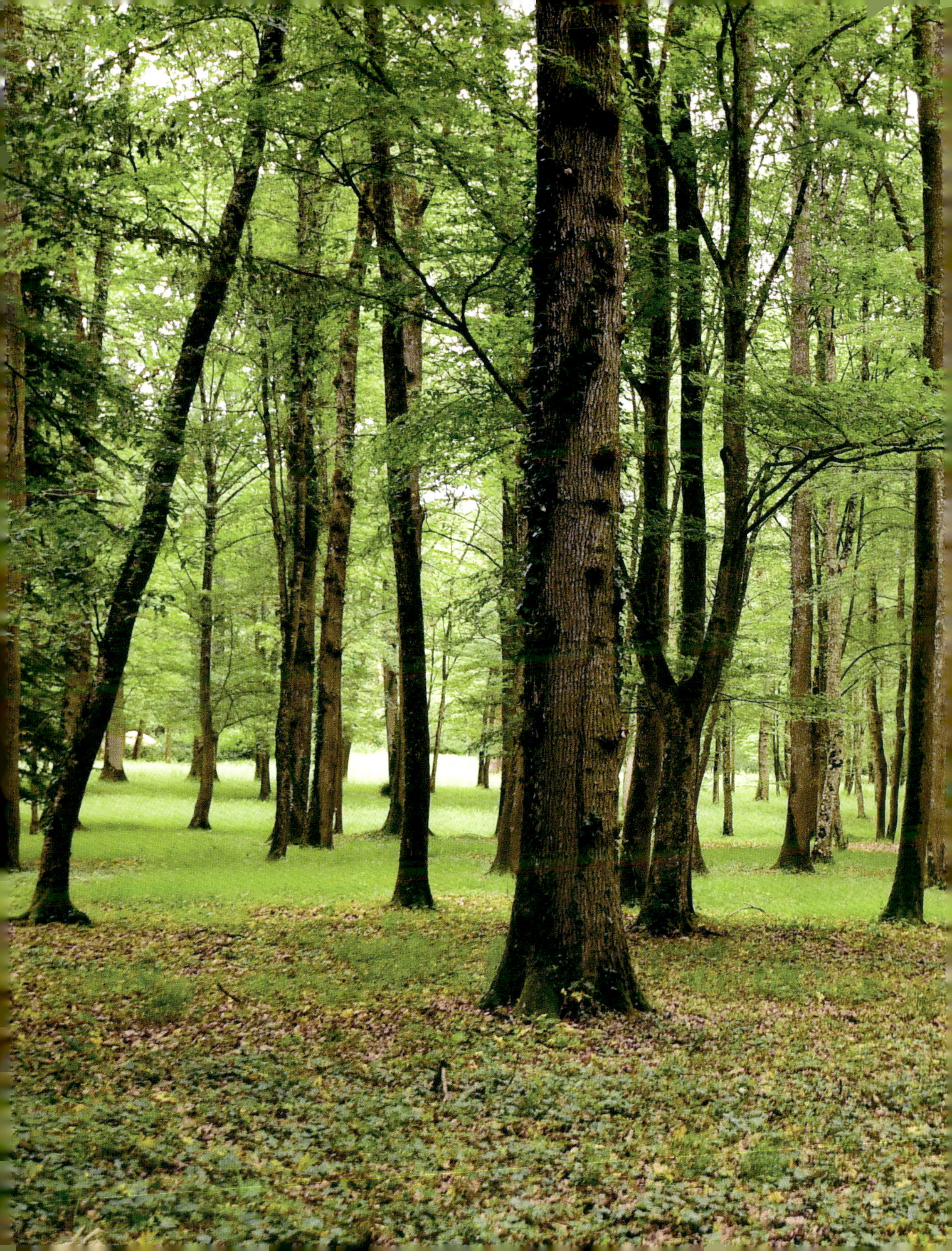

Land & WERKEN

Michel Beauvais

BUSHCRAFT PROJEKTE FÜR GARTEN UND WALD

HEEL

HEEL Verlag GmbH
Gut Pottscheidt
53639 Königswinter
Tel.: 02223 9230-0
Fax: 02223 9230-13
E-Mail: info@heel-verlag.de
www.heel-verlag.de

Originaltitel: Fabriquer ses meubles nature – 15 réalisations en pas à pas
Original-ISBN: 978-2-8153-1123-6

Illustrationen: Michel Sinier
Fotos: © istockphoto.com
Mit Ausnahme von:
© shutterstock.com (S. 8, S. 48), © scoutpioneering.com (S. 34, 58)

Deutsche Ausgabe:
Übersetzung aus dem Französischen: Frederik Kugler, Berlin
Satz: gb-s Mediendesign, Königswinter
Lektorat: Helge Wittkopp
Coverdesign: Axel Mertens

Printed in Slovenia

ISBN 978-3-95843-952-8

MICHEL BEAUVAIS

ILLUSTRATIONEN VON MICHEL SINIER

BUSHCRAFT-PROJEKTE FÜR GARTEN UND WALD

Land & WERKEN

HEEL

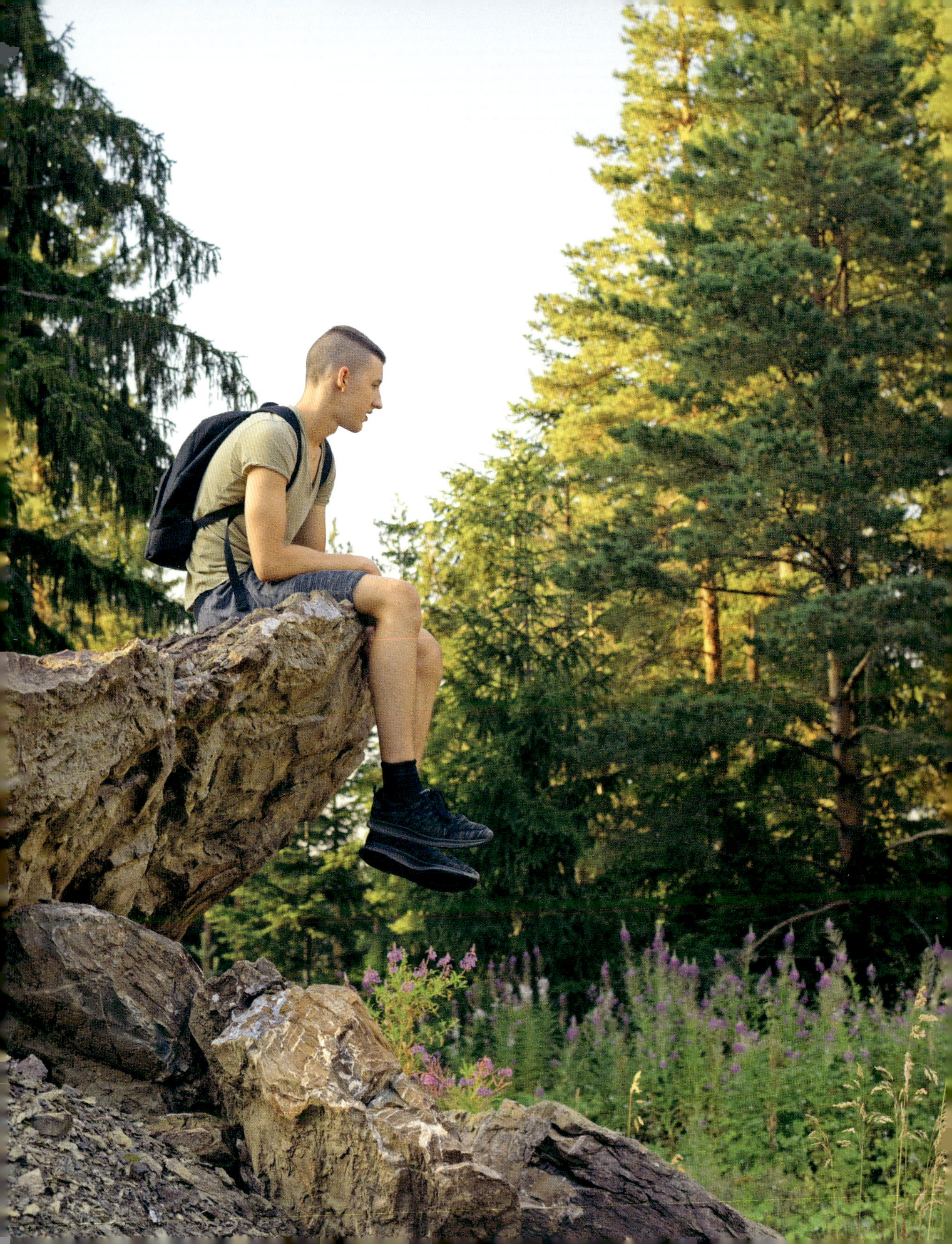

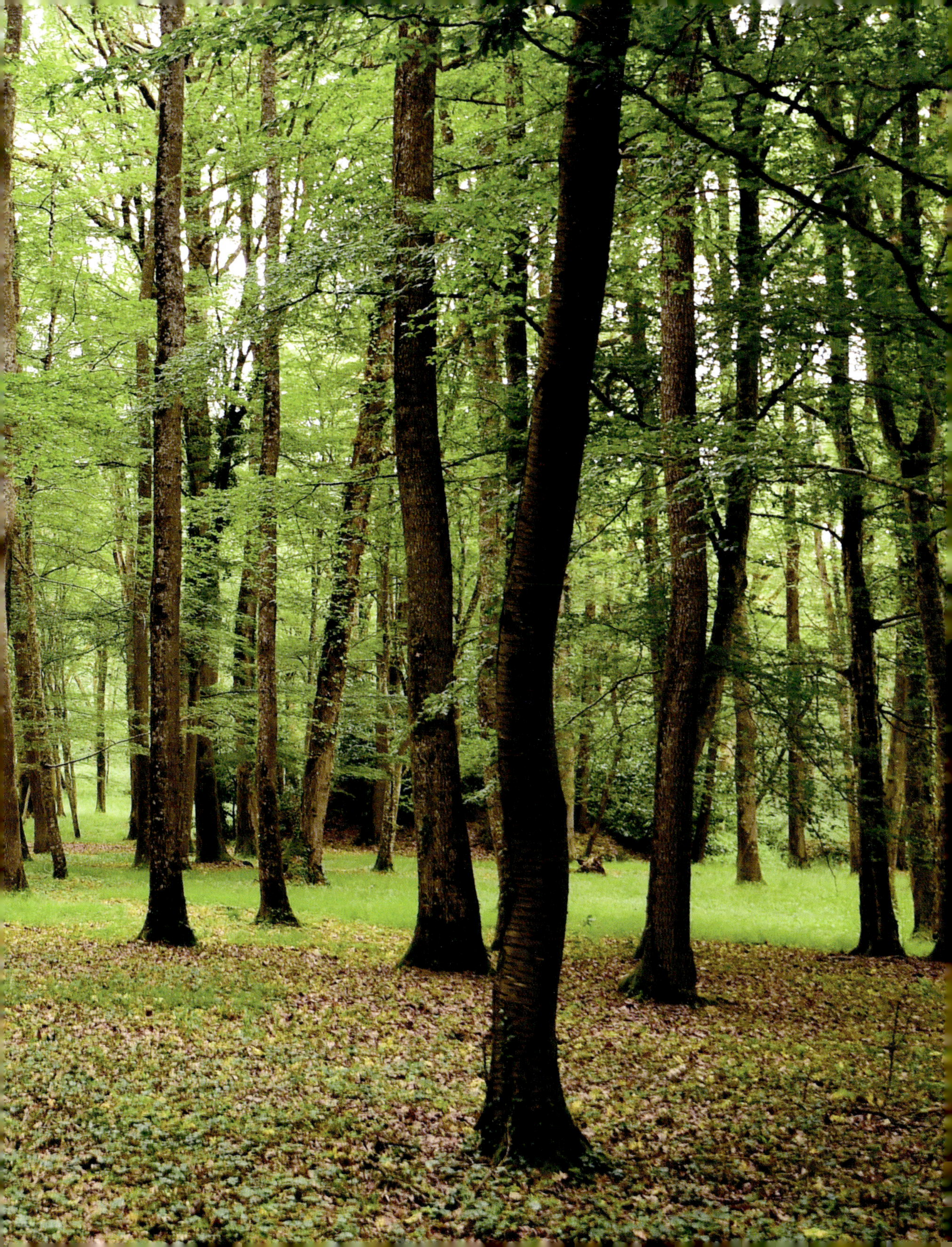

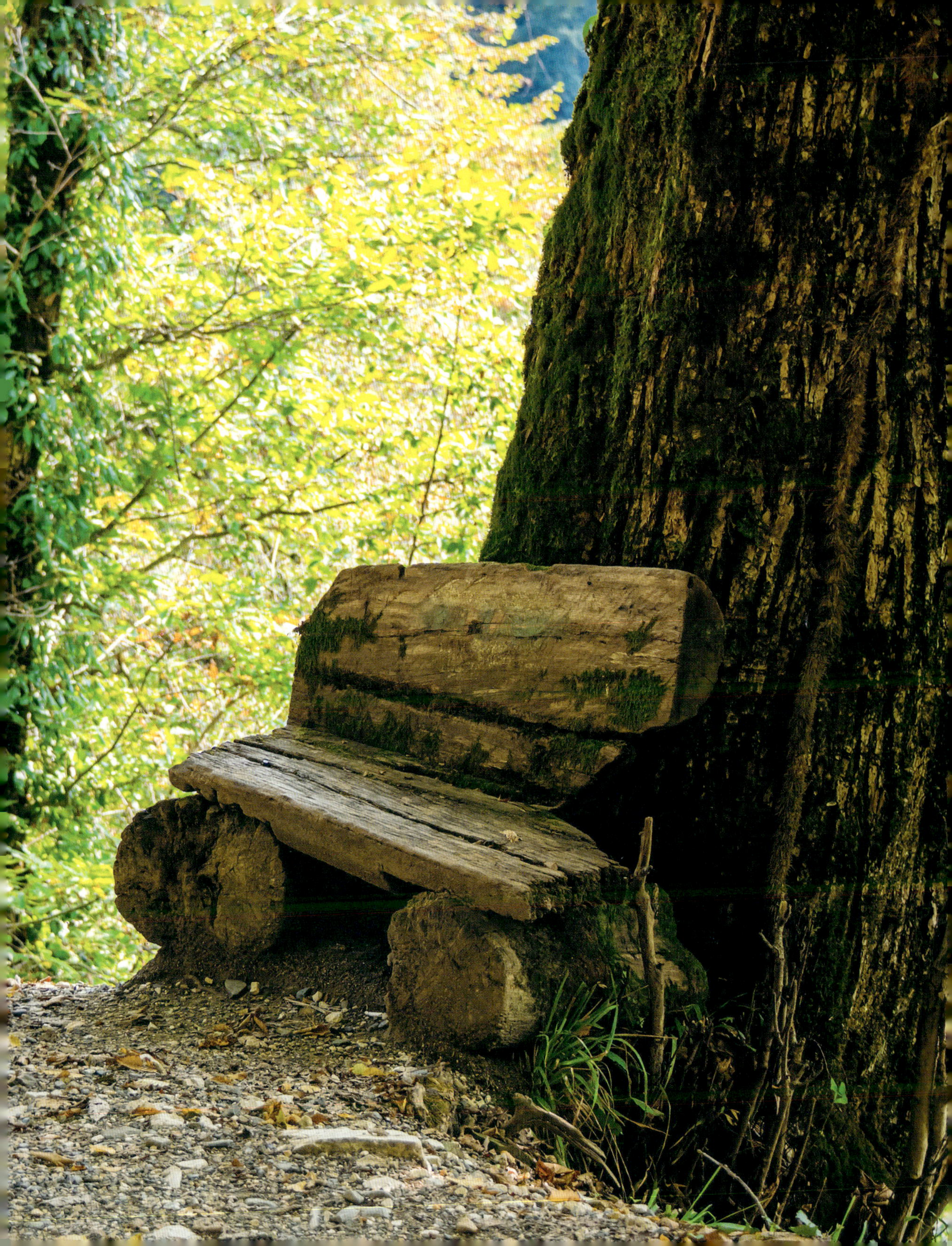

EINLEITUNG

Den morgentlichen Kaffee gemütlich am Tisch trinken, in einem bequemen Sessel relaxen, friedlich in einem ordentlichen Bett schlafen ... All das ist möglich, selbst im Herzen der Wälder, unter majestätischen Bäumen und weit von der Zivilisation entfernt. Natürlich besteht der Tisch aus den grünen Ästen eines Haselnussstrauches, die Tischdecke aus Blättern, der Sessel aus Hölzern und das Bett aus Seilen ... Bushcraft-Möbel lassen sich in wenigen Minuten nach einfachen Prinzipien aufbauen und sind trotzdem stabil und vor allen Dingen praktisch, da Sie sich nicht auf den Boden setzen oder auf der feuchten Erde schlafen müssen, wo Sie von Brennnesseln oder Dornen gestochen werden könnten. Es geht dabei nicht um den Komfort eines gemütlichen Wohnzimmers, sondern vielmehr darum, die Natur mit möglichst wenigen Unnanehmlichkeiten in vollen Zügen zu genießen.

Alles, was Sie dafür brauchen, ist ein gutes Messer, eine Säge, ein Beil und gegebenenfalls einen Hammer – und natürlich Seile und Schnüre. Die Techniken sind denkbar einfach. Während die Möbel, die in Bushcraft- oder Pfadfinderlehrgängen gebaut werden, oft relativ komplex aussehen (und spezialisierte Werkzeuge wie Erdlochbohrer oder Zugmesser voraussetzen), stellen wir Möbel vor, die auch dann keine größeren Schwierigkeiten darstellen, wenn Sie keine Erfahrungen im Umgang mit Holz haben. Wir verwenden hauptsächlich Holzstangen aus Kastanienbäumen oder Haselnusssträuchern, die wir zuschneiden, mit Seilen verknoten und nur in Ausnahmefällen mit Kreuzverbindungen und einigen Nägeln verstärken.

Die schlichten Tische, Bänke, Stühle und Sessel sind stabil und robust genug, um auch im Garten Verwendung zu finden. Sie können sie entrinden, damit sie nicht so urtümlich wirken, oder einfach rundgeschliffene Stangen aus dem Baumarkt kaufen und wetterfest lackieren. Ihre Originalität wird garantiert jedem Garten einen rustikalen, ländlichen und romantischen Charme verleihen.

Bauen Sie Ihre Möbel alleine, mit der Familie oder mit Freunden. Sie werden feststellen, dass es nicht nur befriedigend sein kann, etwas Nützliches wie Möbel herzustellen, die Ihnen auf Ihren Wanderungen und Touren durch die Wälder gute Dienste leisten werden, sondern, es auch ein reizvolles Vergnügen ist – und dieses Hobby kostet Sie so gut wie nichts.

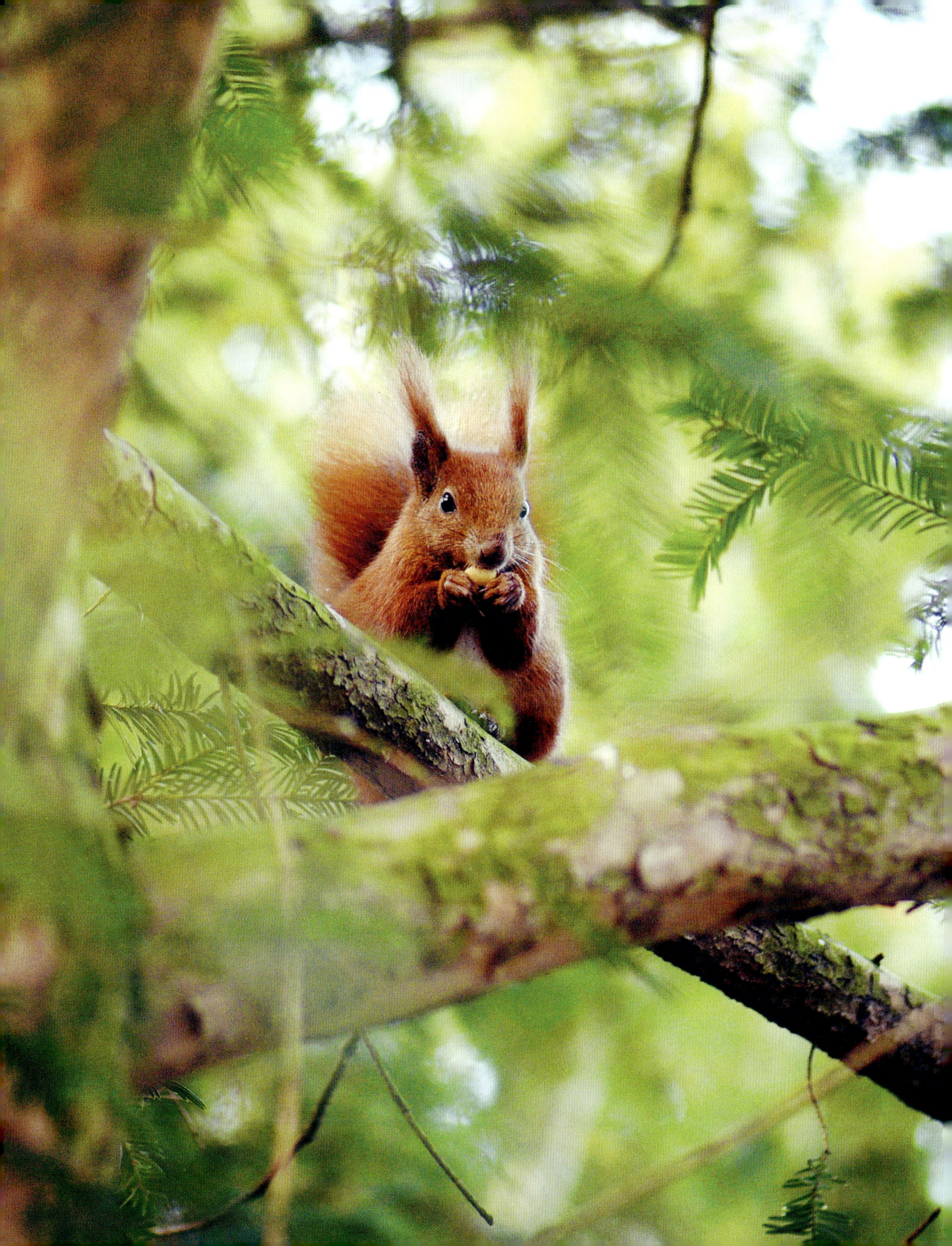

DAS BUSHCRAFT 1x1

WELCHES HOLZ BENUTZEN?

Die Holzstangen, die wir für die folgenden Projekte verwenden, stammen von jungen Bäumen, messen meist nur wenige Zentimeter im Durchmesser und finden sich häufig in abgeforsteten und wieder aufgeforsteten Gebieten (Hochwäldern), oder in wild wachsenden Wäldern. Aber auch Bäume, die zu Büschen zurückgeschnitten werden, geben gute Stangen ab. Es ist also nicht erforderlich, lebende Bäume zu fällen oder Äste abzuschneiden, um temporäre Möbel zu bauen, das ist (völlig zu Recht) vielerorts auch verboten; es gibt genug stehendes Totholz, in diesem Fall Junghölzer, die sich gegen den Konkurrenzdruck nicht behaupten konnten: diese Stangen sind sehr robust und können vielfältig genutzt werden.

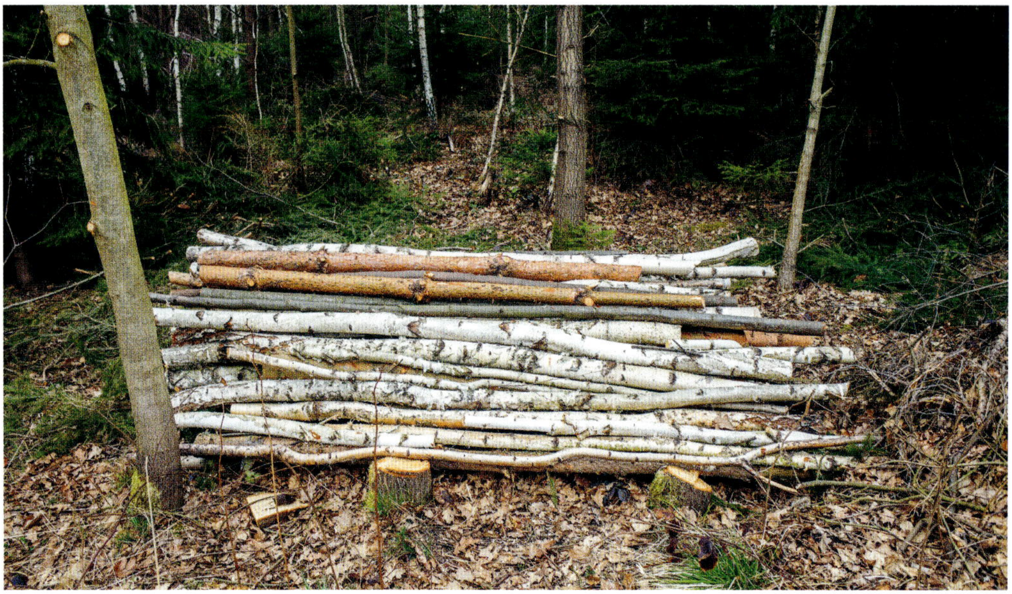

Kastanienbäume und Haselnusssträucher sind besonders interessant, da sie widerstandsfähig und leicht zu bearbeiten sind, aber auch alle anderen Arten funktionieren. Für Ihren Garten können Sie auch auf Rundhölzer, Halbrundhölzer, Stangen und Pfähle für Zäune zurückgreifen, die Sie auch in kleineren Mengen in Baumärkten und Gartenzentren finden.

Soll es uriger sein, dann bietet sich auch hier Kastanienholz an, weil es sehr langlebig und daher besonders für Gartenmöbel geeignet ist.

Bambus ist eine ästhetische und sehr stabile Alternative. Falls Sie welchen im Garten haben, sollten sie dreijährige Halme abschneiden und die Stangen anschließend mit einer feinblättrigen Säge neben den Knoten zuschneiden.

LEAVE NO TRACE – KEINE SPUREN HINTERLASSEN

Das gilt für Wanderungen, Bushcrafting, Camping im Allgemeinen und auch für Picknicke: alles, und zwar wirklich alles, wird wieder auseinandergebaut und der Ort so hinterlassen, wie er vorgefunden wurde. Und das nicht nur aus Respekt vor anderen, sondern vor allem vor der Natur. Lassen Sie nur das verwendete Totholz liegen: es wird zum Lebensraum für zahlreiche Tiere und versorgt den Boden mit wichtigen Nährstoffen.

Lassen Sie ebenso weder Schnüre noch Nägel zurück und nehmen Sie Ihren Müll mit. Biomüll ist in kleineren Mengen okay, Plastik, Papier etc. nicht.

SEILE UND SCHNÜRE

Die Seile, die wir zum Bau von Bushcraft-Möbeln verwenden, müssen nicht sehr robust sein – im Gegensatz zu Kletterseilen. Sie können fast alle Arten verwenden, solange sie entsprechend dick und aus einem geeigneten Material sind, sodass sich keine Knoten lösen. Es macht aber Sinn, natürliche Materialien zu verwenden, da sie biologisch abbaubar sind, besser mit dem Holz harmonieren und im Schnitt weniger kosten als synthetische Seile.

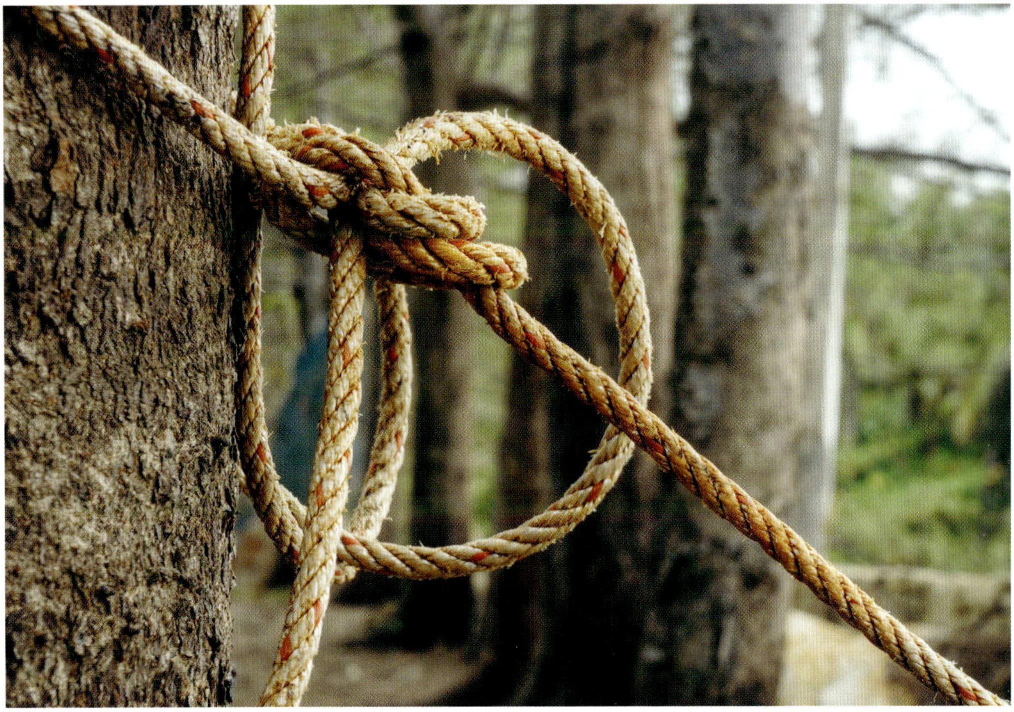

NATÜRLICHE MATERIALIEN

Hanf gilt seit der Frühgeschichte als Nutzpflanze und die Fasern der Stängel werden in drei Strängen geflochten. Die Seile sind sehr griffig, wenig elastisch und sehr reiß- und scheuerfest (jedoch weniger als Paracord). Sie werden länger, wenn es trocken ist, und kürzer, wenn es feucht ist. Es gibt sie in vielen Stärken, weshalb sie für alle Arten von Bushcraft-Möbel verwendet werden können.

Sisal ist ebenfalls sehr scheuerfest, liegt allerdings härter in der Hand. Es können aber auch Seile aus Leinen und Manila, Schnüre aus Jute oder sogar Baumwolle verwendet werden.

SYNTHETISCHE MATERIALIEN

Seile und Schnüre aus synthetischen Materialien sind aufgrund ihrer Widerstandskraft und ihres geringen Gewichtes interessant. Es gibt sie in vielen Ausführungen. Sie werden in der Seefahrt, beim Klettern, beim Militär etc. verwendet, sind jedoch nicht biologisch abbaubar – und das ist ihr größtes Manko.

Paracord ist unter Bushcraftern sehr beliebt, und das nicht ohne Grund. Aber zu beachten ist, dass der Ausdruck „Paracord" weder ein bestimmtes Material noch eine bestimmte Marke bezeichnet.

Paracord besteht meist aus Nylon und ist elastisch. Beim Bushcrafting und Survival wird meistens Paracord 550 Nylon bzw. Typ III mit einer Mindestbruchlast von 249 kg und 7 bis 9 Kernfäden verwendet. Es ist dünn und reißfest zugleich, elastisch und leicht zu knoten.

Paracord aus Kevlar ist etwas elastisch, schwer zu schneiden und dehnungsarm, aber reißfest.

Paracord aus Polyester ist etwas elastisch, UV-beständiger und scheuerfester als Nylon.

Dyneema®-Seile oder -Schnüre bestehen aus synthetischem UHMW/Polyethylen, sind extrem reißfest, dehnungsarm, scheuerfest und etwas elastisch. Allerdings können die Knoten plötzlich aufgehen.

WERKZEUGE

Beim Bushcrafting brauchen Sie vor allem drei Werkzeuge:

EIN MESSER

Nur welches? Und damit wären wir auch schon beim am häufigsten diskutierten Thema auf Bushcraft- und Survival-Webseiten.

Hier einige Tipps:
- Das beste Messer muss nicht immer das teuerste sein. Nur weil zahlreiche sogenannte Survival-Messer über integrierte Gadgets wie eine Angelschnur, einen Kompass oder einen Spiegel verfügen, heißt das noch lange nicht, dass diese Spielereien unverzichtbar sind.
- Ziehen Sie feststehende Messer vor. Klappmesser sind zwar praktisch, aber für harte Bushcraft-Arbeiten nicht geeignet.

- Montagen mit „Vollerl" (der Erl ist der griffseitige Teil der Klinge), auch „Full Tang" genannt, sind am stabilsten: man ergänzt zwei Griffschalen und vernietet sie. Bei Montagen mit „Kurz-„ oder „Spitz-Erl" ist letzterer vorzuziehen, da der Erl immer bis zum Knauf durchlaufen sollte.
- Die Klinge sollte weder zu lang (über 12 cm), um nicht gegen das Führungsverbot zu verstoßen, noch zu kurz sein. Klingen mit Wellenschliff sind eher ungeeignet.
- Achten Sie auf Qualität! Die Härte des Stahls orientiert sich am Kohlenstoffgehalt. Rostfreier Stahl enthält mindestens 13 % Chrom. Er ist zwar weniger hart als Stahl mit hohem Kohlenstoffgehalt (1095er), hat aber den Vorteil, dass er nicht rostet. Keramikklingen sind für unsere Zwecke gänzlich ungeeignet.

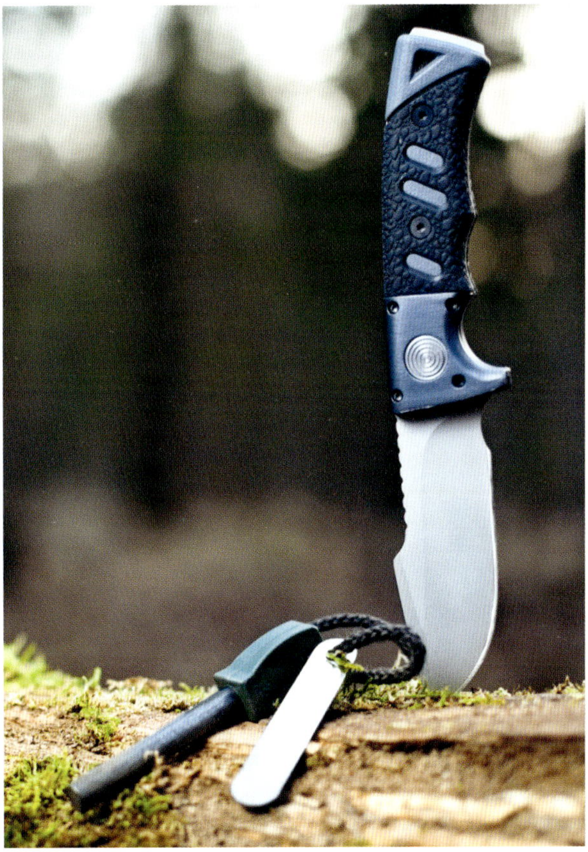

EINE SÄGE

Wählen Sie eine leichte Baum- oder Astsäge. Viele Modelle haben ein japanisches sprich beidseitig verzahntes Blatt und arbeiten auf Zug und nicht, wie Tischlersägen, auf Druck.

- Klappsägen sind instabiler – Sie sollten eine feststehende Säge mit Scheide vorziehen.
- Blattlängen von 30 cm können vielfältig eingesetzt werden und Rundhölzer mit einem Durchmesser von 20 cm durchsägen. Für unsere Stangen reicht jedoch eine Blattlänge von 20–25 cm aus.
- Gebogene Sägeblätter erleichtern zwar ein wenig die Arbeit, lassen sich aber schlechter im Rucksack transportieren.

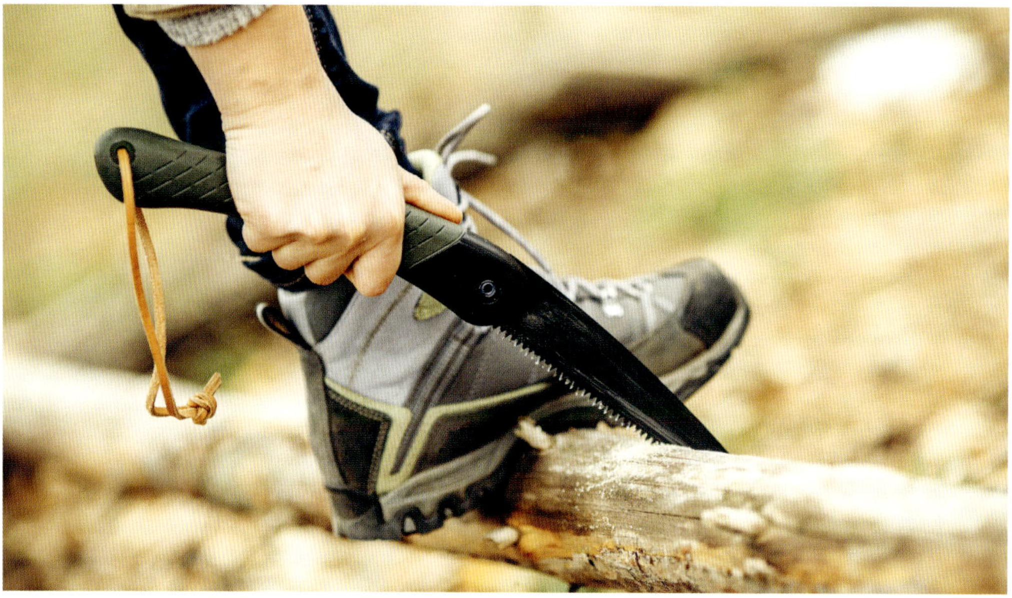

EIN BEIL

Dieses Werkzeug ist praktisch und sowohl beim Schlagen von Holz als auch bei der Montage vielseitig verwendbar.

- Verwenden Sie ein handelsübliches Beil und keine Survival-Beile (die oft mit Gadgets ausgestattet sind).
- Prüfen Sie seine Stabilität und wie es in der Hand liegt.
- Wählen Sie eine lange Schneide (um die 12 cm), wenn möglich aus Edelstahl, um unterschiedliche Schnitte ausführen zu können.
- Achten Sie auf Gewicht und Größe! Ideal sind 500 g bei etwa 30 cm.

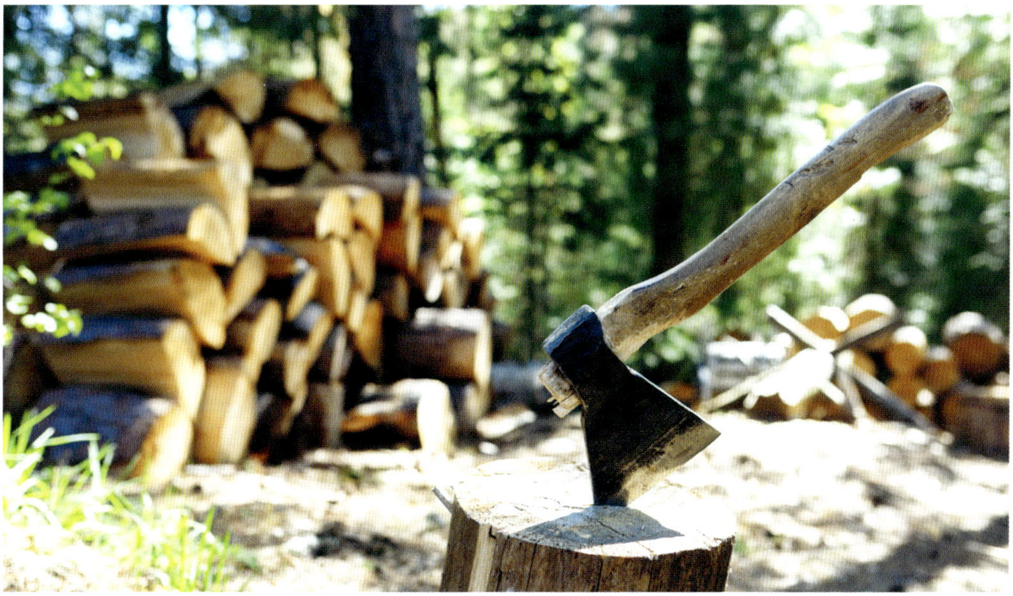

WERKZEUGSICHERHEIT

- Tragen Sie zu Ihrem Schutz festes Schuhwerk beim Holzhacken und gegen Dornen Handschuhe.
- Achten Sie darauf, dass Sie alles, was Sie mit Ihrem Werkzeug bearbeiten, sicher am Boden oder einer Unterlage abstützen, oder (wie im Bild) gegen einen unbewegten Gegenstand drücken.

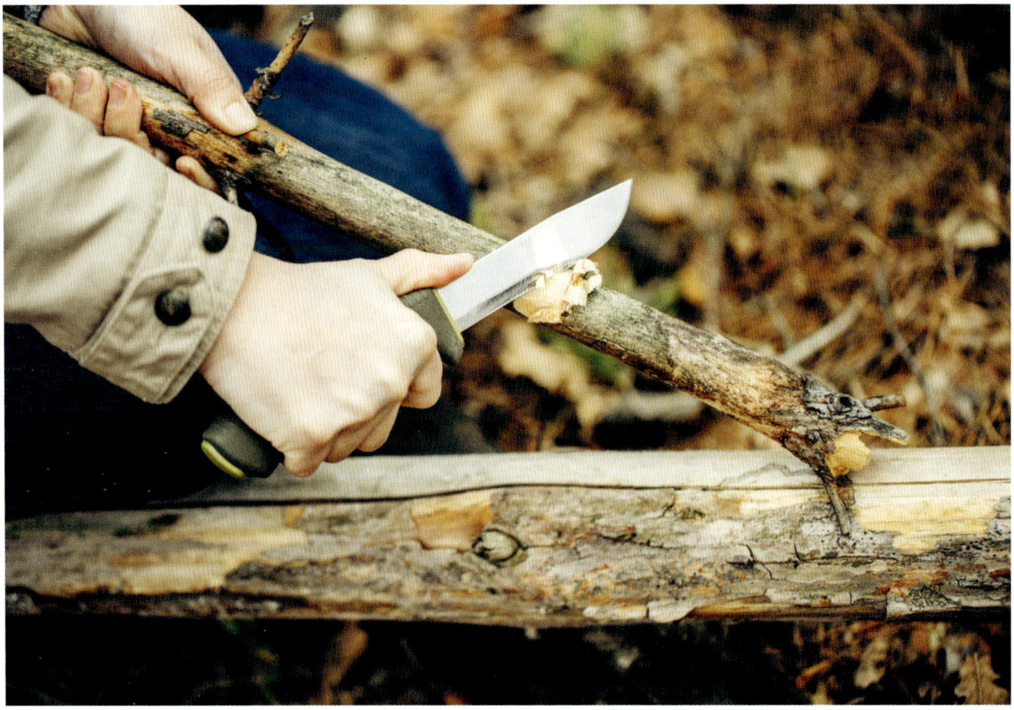

- Arbeiten Sie in sicherer Entfernung zu anderen Personen. Halten Sie einen Abstand von mindestens 1 m ein.
- Nehmen Sie eine sichere Position ein – wenn möglich auf den Knien.
- Benutzen Sie immer gut geschliffene Werkzeuge. Ein stumpfes Messer ist gefährlich, da man zu viel Kraft aufwendet.
- Benutzen Sie Ihr Werkzeug nicht, wenn Sie müde oder alkoholisiert sind.

MIT DEM MESSER

- Führen Sie die Klinge immer von sich weg und nie zu sich hin (besonders nicht zu Ihren Schenkeln).
- Vermeiden Sie Bewegungen aus dem Handgelenk. Es ist besser, das Messer mit dem ganzen Arm zu führen.

MIT DER SÄGE

- Achten Sie immer auf die Position Ihrer linken Hand (als Rechtshänder), wenn Sie anfangen zu sägen.
- Erzwingen Sie nichts. Wenn das Blatt verkantet, heben Sie die Säge an und halten Sie sie leicht schräg, bevor Sie weitersägen.

MIT DEM BEIL

- Achten Sie auf Ihre Füße, wenn Sie im Stehen arbeiten! Stellen Sie sich breitbeinig auf, damit Sie sich bei einem schlechten Schlag nicht verletzen.
- Arbeiten Sie aus der Schulter, ohne zu weit auszuholen.

KNOTEN

Entgegen der landläufigen Meinung sind Knoten kein Hexenwerk! Wenn Sie lernen möchten, wie man segelt oder dekorative Flechtarbeiten ausführt, müssen Sie sich Dutzende von Knoten aneignen, aber beim Bushcrafting ist das nicht notwendig.

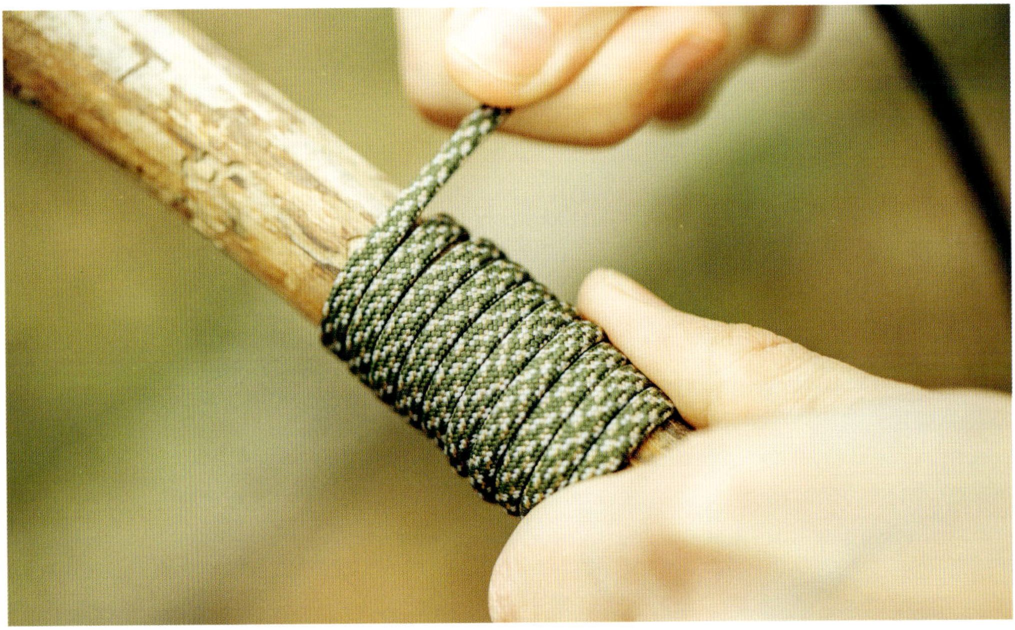

Die einfachste Ausführung eines Knotens ist der **Kreuzknoten**, auch Weber- oder Doppelknoten genannt. Wir kennen ihn vom Schuhebinden, aber er leistet uns auch in vielen anderen Situationen treue Dienste.

Insgesamt gibt es drei Knoten, die häufig verwendet und folglich beherrscht werden sollten – was nur wenige Minuten in Anspruch nimmt.

DER WEBELEINENSTEK

Dieser Knoten mit seinen charakteristischen Mickymaus-Ohren ist so einfach, dass Sie ihn schon nach zwei Mal beherrschen werden! Er dient dazu, ein Seil oder eine Schnur an einer Stange oder einem Rundholz anzubringen und hat den Vorteil, dass er sich beim Abbau eines Möbels schnell wieder lösen lässt.

Wenn Sie ihn am Ende einer Stange knüpfen:

1 Legen Sie zwei Schlaufen übereinander.
2 Ziehen Sie die Ohren auseinander.
3 Schieben Sie das linke Ohr über das rechte.
4 Führen Sie das Ohrenöhr über die Stange und ziehen Sie den Knoten zu.

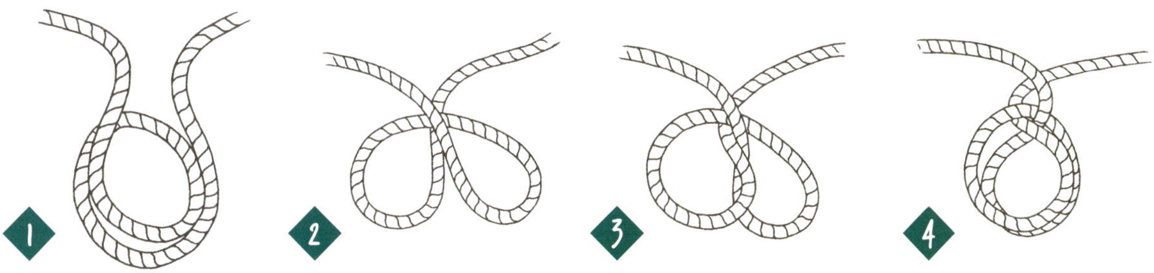

Wenn Sie ihn in der Mitte einer Stange knüpfen:

Das Prinzip ist dasselbe. Sie machen die zwei Schlaufen aber direkt an der Stange und ziehen das Ende der zweiten Schlaufe unter dem Verbindungsstück zur ersten Schlaufe hindurch.

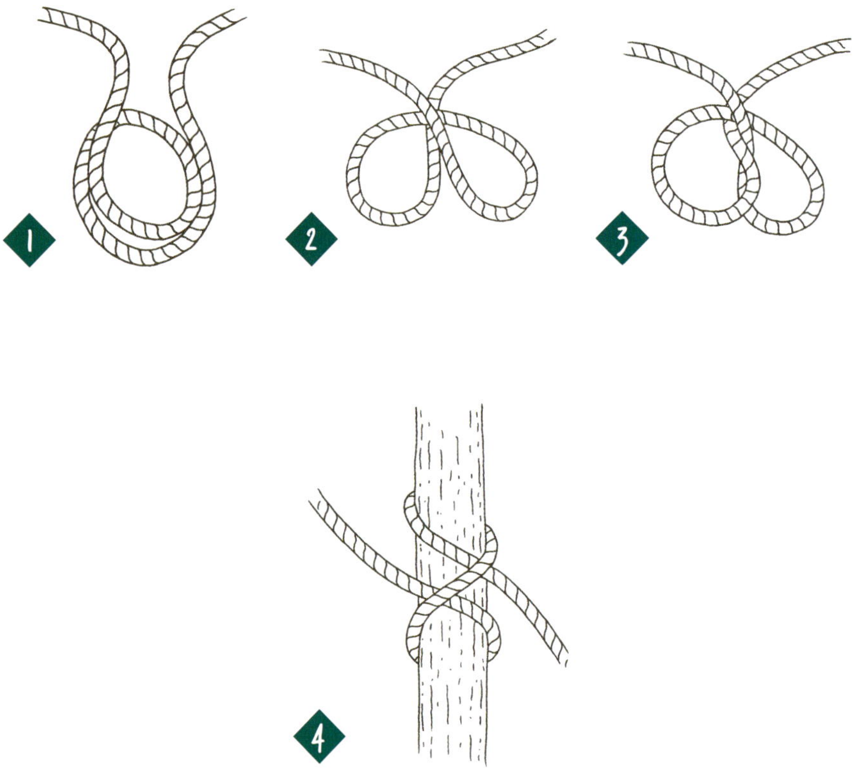

DER DREIBEINBUND

Traditionellerweise verwendet man, um die drei Stangen eines Dreibeins zu verbinden, einen Knoten namens Dreibeinbund, der relativ kompliziert und nicht 100 Prozent zuverlässig ist. Mit folgender Variante geht es aber viel einfacher und das Dreibein steht trotzdem sicher.

1 Legen Sie zwei Stangen nebeneinander und die dritte obenauf.

2 Beginnen Sie an einer der Stangen mit einem Webeleinenstek oder Kreuzknoten und lassen Sie ein loses Ende von etwa 15 cm überstehen.

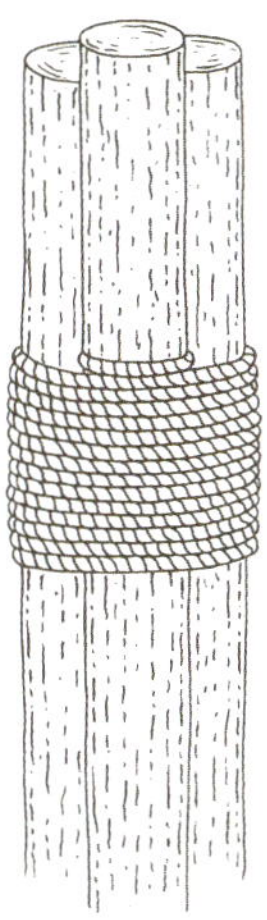

3 Wickeln Sie das Seil nebeneinander um die drei Stangen.

4 Schließen Sie mit einem Webeleinenstek oder Kreuzknoten ab, indem Sie das lose Ende des ersten Knotens verwenden.

5 Stellen Sie die Stangen auf und ziehen Sie sie zu einem gleichseitigen Dreieck auseinander.

DER KREUZBUND

Dieser Knoten dient dazu, zwei senkrecht zueinander stehende Hölzer zu verbinden. Er hält nicht nur, sondern sieht auch schön aus und verleiht Möbeln das gewisse Etwas. Außerdem ist er einfach zu binden.

1 Beginnen Sie am Pfosten (direkt unter dem Querträger) mit einem Webeleinenstek oder Kreuzknoten. Lassen Sie ein loses Ende von etwa 15 cm überstehen.

2 Führen Sie das Seil drei Mal links und rechts über den Querträger und hinter den Pfosten. Achten Sie darauf, dass die Schlaufen nebeneinanderliegen – der Knoten könnte sich sonst lockern!

3 Führen Sie das Seil nun drei Mal straff über und unter den Querträger und hinter den Pfosten.

4 Schließen Sie mit einem Webeleinenstek oder Kreuzknoten ab, indem Sie das lose Ende des ersten Knotens verwenden.

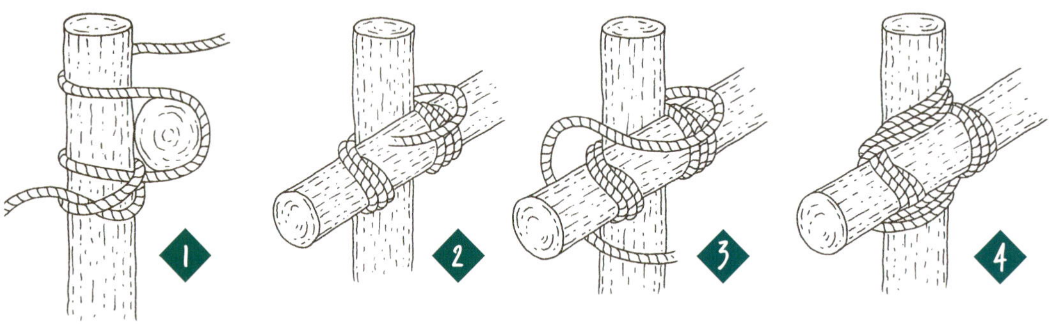

Sicher, sauber, einfach: der Kreuzknoten lässt keine Wünsche offen ▶

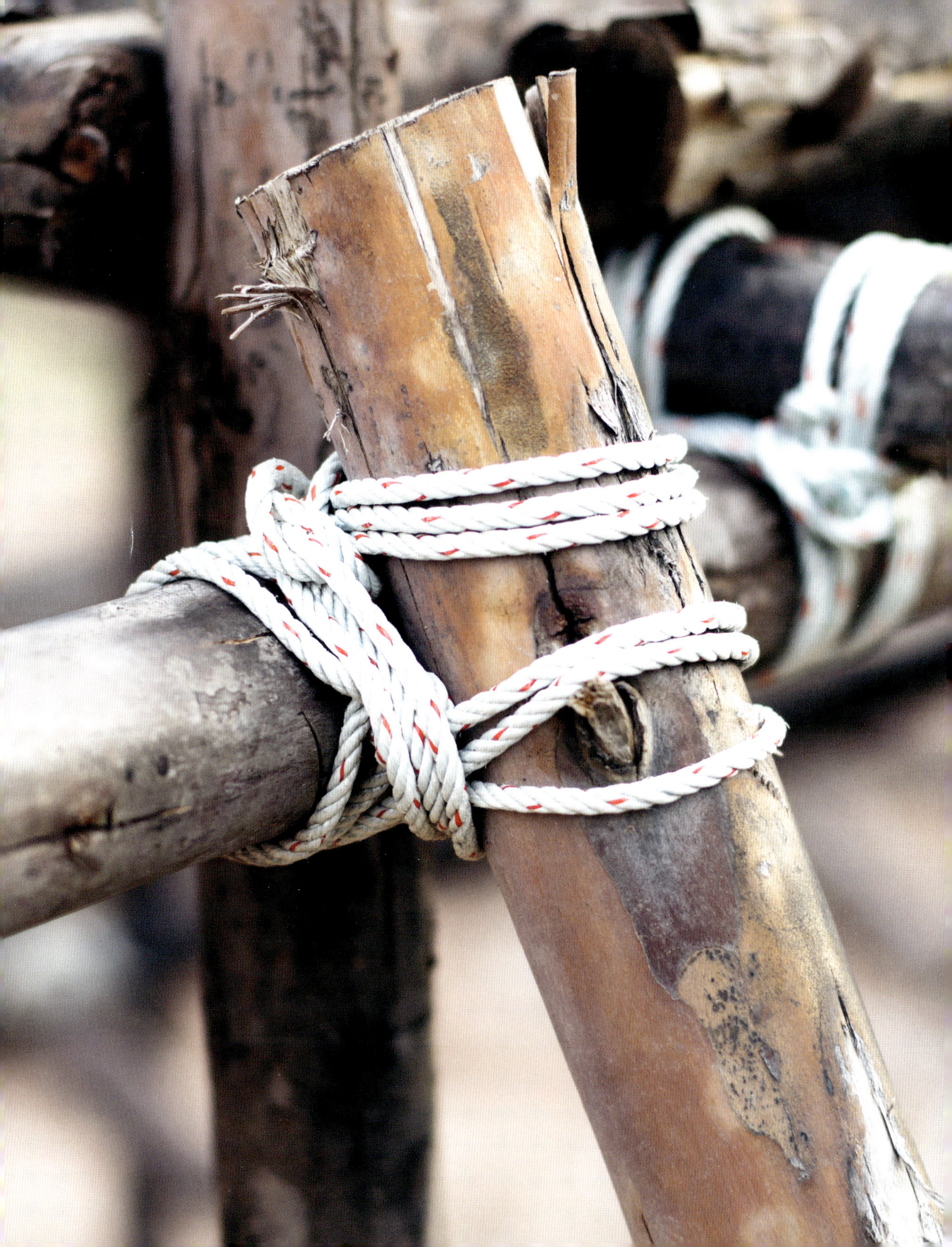

DIE BUSHCRAFT-MÖBEL

SCHWIERIGKEIT

TISCH AUF PFÄHLEN

Dieser Tisch eignet sich weniger für steiniges Gelände als für weiche Waldböden, da er aus zwölf Pfählen besteht, die in die Erde geschlagen werden, um die Querträger zu stützen. Er bietet Platz für acht Personen, wenn man ein wenig zusammenrückt, kann jedoch ganz einfach angepasst werden. Stabilität ist hier Trumpf: Spitzen Sie die Pfähle richtig an und schlagen Sie sie etwa 30 cm tief ein.

HILFSMITTEL

- Beil
- Messer
- Säge
- Holzhammer
- dünnes Seil

BAUMATERIAL

Stangen mit Ø 30–40 mm:

- 4 Pfosten für den Tisch, 1,10 m lang
- 8 Pfosten für die Lehnen, 1,30 m lang
- 2 lange Querträger, 2 m lang
- 4 mittellange Querträger (2 für den Tisch, 2 für die Lehnen), 1,65 m lang
- 4 kurze Querträger (für die Stühle), 80 cm lang

Stangen mit Ø 20–30 mm:

- 8 oder 10 (oder nur 4) Querträger für die Sitzflächen der Bänke, 1, 70 m lang
- 12–16 Stangen für die Sitzflächen der Stühle, 60 cm lang
- Stangen für die Tischplatte, 80 cm lang

DIE PFOSTEN EINSCHLAGEN

1 Legen Sie die beiden langen Querträger mit einem Abstand von 1,50 m auf den Boden und zwei der mittellangen Querträger mittig, mit einem Abstand von 60–65 cm, im rechten Winkel darauf.

2 Schlagen Sie mit einem Holzhammer oder einem Stück Holz je einen Tischpfosten in die Innenwinkel der am Boden liegenden Querträger.

3 Vergewissern Sie sich, dass alle Pfähle die gleiche Höhe haben, indem Sie eine Holzstange auflegen: sie sollte gerade liegen.

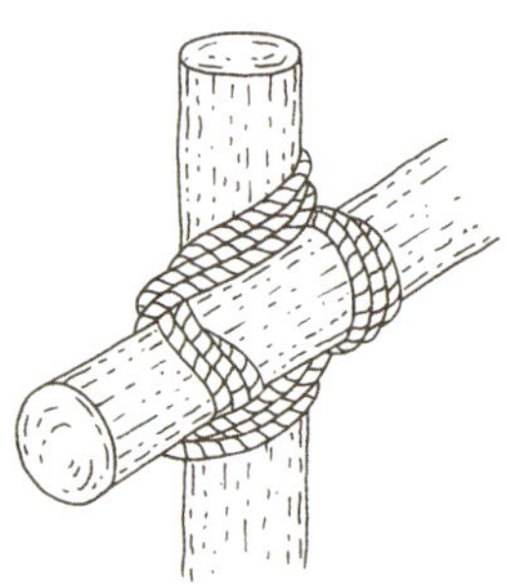

DIE QUERTRÄGER ANBRINGEN

1 Bringen Sie die beiden mittellangen Querträger für den Tisch auf einer Höhe von 70–75 cm an und befestigen Sie sie jeweils mit einem Kreuzbund (siehe S. 28) an den Pfosten.

2 Schlagen Sie die Pfosten für die Rückenlehnen 10 cm vor den Enden der langen Querträger in den Boden.

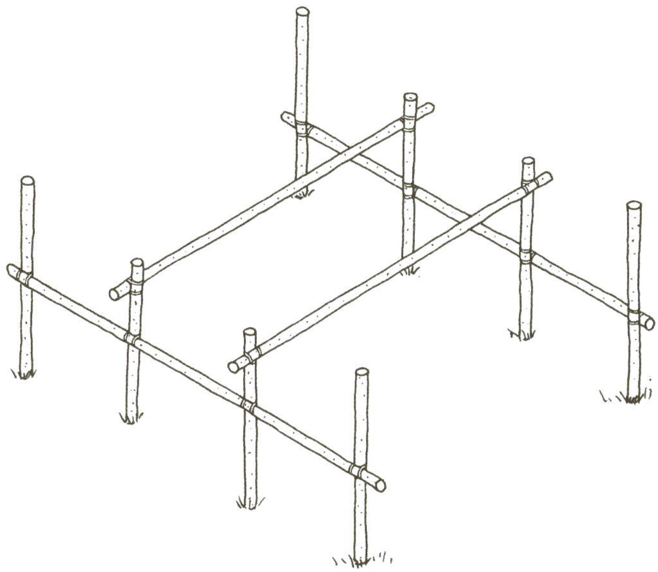

3 Befestigen Sie die langen Querträger auf einer Höhe von 40–45 cm an den Pfosten für den Tisch und die Bänke.

4 Schlagen Sie die Pfosten für die Stühle auf der Höhe der Tischpfosten und 50 cm von den langen Querträgern entfernt in den Boden.

5 Befestigen Sie zwei kurze Querträger für die Stühle auf der gleichen Höhe wie die langen Querträger, also 40–45 cm.

6 Befestigen Sie die Lehnen der Stühle (kurze Querträger) und Bänke (mittellange Querträger) auf einer Höhe von 70–80 cm.

DIE TISCHPLATTE UND DIE SITZBÄNKE ANBRINGEN

1 Legen Sie die 80 cm langen Stangen für die Tischplatte auf die mittellangen Querträger und befestigen Sie sie. Sie können aber auch eine Tischmatte knüpfen (siehe S. 50) und auslegen.

2 Legen Sie die Stangen für die Bänke auf die langen Querträger und befestigen Sie sie.

3 Befestigen Sie entsprechend die Stangen für die Sitzflächen.

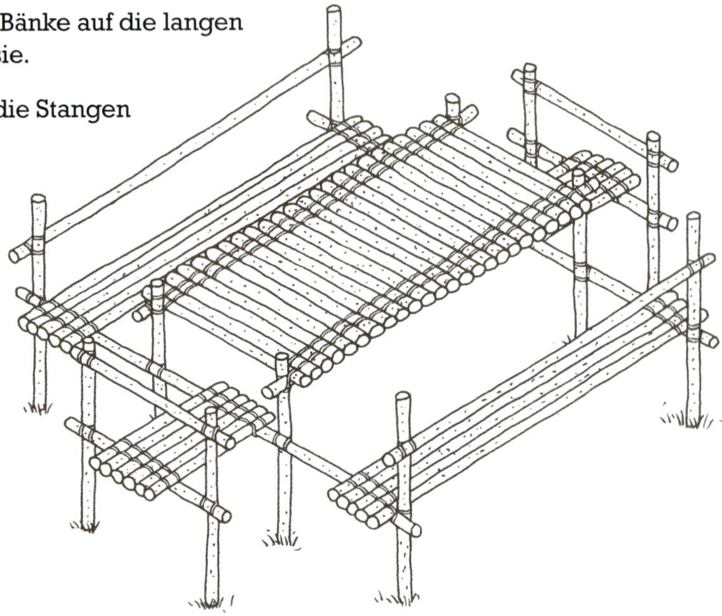

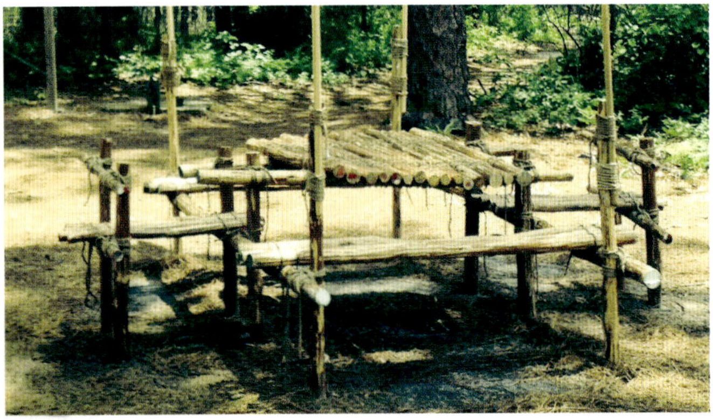

ANSPITZEN EINES PFAHLS

HILFSMITTEL

- Beil
- Messer
- Handschuhe
- festes Schuhwerk

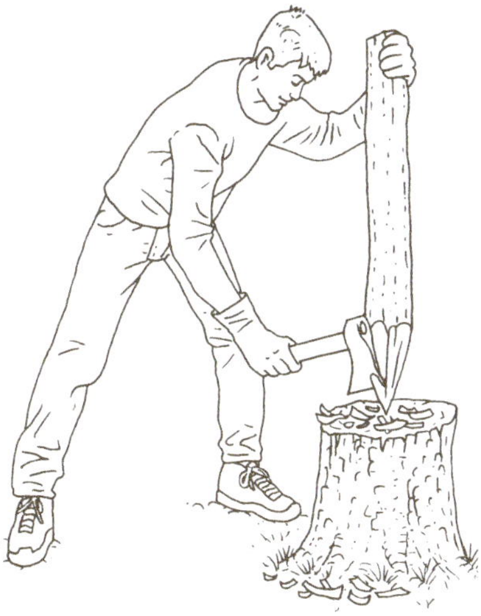

DEN HACKKLOTZ VORBEREITEN

1 Suchen Sie einen Hackklotz – einen liegenden Baumstamm, der hoch genug ist oder einen Baumstumpf – , dass Sie im Stehen arbeiten und sich breitbeinig hinstellen können.

2 Kerben Sie den Hackklotz mit dem Beil oder Messer ein.

3 Stecken Sie ein Ende des Pfahls in die Einkerbung.

DIE SPITZE HERAUSARBEITEN

1 Halten Sie den Pfahl leicht schräg, damit Sie gerade nach unten schlagen können.

2 Markieren Sie den Pfahl, um die Länge der Spitze festzulegen. Sie sollte lang und dünn genug sein, damit sie sich leicht einschlagen lässt, aber nicht zu dünn, da der Pfahl sonst nicht gut im Erdreich steckt.

3 Halten Sie den Pfahl mit der einen Hand und schlagen Sie eine erste Kante aus dem Holz.

4 Vollziehen Sie eine Vierteldrehung, um eine zweite Kante herauszuschlagen.

5 Schlagen Sie eine dritte und vierte Kante heraus.

DIE SPITZE FERTIGSTELLEN

1 Schlagen Sie die Grate der Kanten ab, sodass eine Spitze mit acht schmalen Kanten entsteht.

2 Schrägen Sie die Spitze mit einem letzten Schlag ab, damit der Pfahl besser in den Boden treibt.

SCHWIERIGKEIT

STUHL „HÄNGEMATTE“

Stuhl, Sessel, Liegestuhl ... dieses Möbel hat von allem etwas. Es besticht nicht nur durch seine Schlichtheit, sondern ist auch bequem und schnell zusammengebaut. Man könnte in diesem Fall sogar von der „Nummer 1“ oder vom „offiziellen“ Bushcraft-Sessel sprechen! Seine Ursprünge sind rätselhaft, aber höchstwahrscheinlich wurde er schon in grauer Vorzeit gebaut. Er passt sich wunderbar an jede Körperform an, ist verstellbar und eignet sich für ein Schläfchen, zum Faulenzen, Meditieren, Lesen, für lebhafte Diskussionen am Lagerfeuer und sogar zum Werkeln ...

HILFSMITTEL

- Säge
- Messer
- dünnes Seil
- Stoff

BAUMATERIAL

Stangen mit Ø 30–40 mm:
- 3 Pfosten, 1,80–2,20 m lang
- 1 Querträger, 1–1,50 m lang

1 Stoffbahn, 1,80–2 m x 50–80 cm

DAS DREIBEIN AUFSTELLEN

1 Legen Sie die drei Pfosten auf den Boden, zwei davon nebeneinander und den dritten obenauf.

2 Knüpfen Sie an einen der Pfosten einen Webeleinenstek, führen Sie das Seil mehrmals um die drei Pfosten und schließen Sie mit einem Kreuzknoten ab (siehe S. 27).

3 Stellen Sie das Dreibein auf und schieben Sie die Beine 1,10 und 1,50 m auseinander.

DIE SITZFLÄCHE GESTALTEN

1 Halbieren Sie den Stoff und legen Sie den Querträger in die Falte.

2 Halten Sie ein Ende des Stoffes fest in der Hand, verknoten Sie es mit einem etwa 80 cm langen Seilstück und machen Sie dasselbe mit dem anderen Ende.

3 Knüpfen Sie beide Seile an das obere Ende des Dreibeins: der Querträger sollte nun auf zwei der Pfosten aufliegen.

DEN STUHL EINSTELLEN

1 Setzen Sie sich. Der Stuhl ist bereits sehr bequem. Sie können sich mit den Füßen tiefer hineinschieben oder ihn wie folgt einstellen:

2 **Einstellung über die Länge des Stoffes:** Um die Höhe des Querträgers zu verändern, reicht es, eines der Seilstücke zu verkürzen oder zu verlängern, oder das Seil um einen der Pfosten zu wickeln.

3 **Einstellung über die Dreibein-Abstände:** Wenn Sie die beiden vorderen Pfosten weiter auseinander- oder näher zusammenstellen, ändern Sie die Höhe des Querträgers; wenn Sie den hinteren Pfosten weiter nach hinten oder nach vorne schieben, ändern Sie die Neigung.

4 **Einstellung über den Querträger:** Sie können den Querträger auf beiden Seiten mit einem Kreuzbund an den Pfosten fixieren (siehe S. 28), wenn Sie die optimale Höhe für sich ermittelt haben. Der Stuhl lässt sich dann auch weiterhin über die Seile und den hinteren Pfosten einstellen.

TIPPS UND TRICKS

Welcher Stoff?
Jeder Stoff funktioniert – vorausgesetzt, er hält Ihr Gewicht. Sie können sogar ein Laken oder einen Reiseschlafsack verwenden. Soll der Stuhl längere Zeit aufgebaut im Garten stehen, dann sind wetterbeständige Stoffe, wie die für Hängematten, ideal.

Welche Maße?
Gehen Sie von Ihrer Größe aus. Bauen Sie zunächst einen großen Stuhl, mit Pfosten, die 2 m oder länger sind. Ist er zu groß, können Sie die Pfosten immer noch mit der Säge kürzen – oder ihn an den Größten in der Gruppe abtreten und sich einen kleineren bauen.

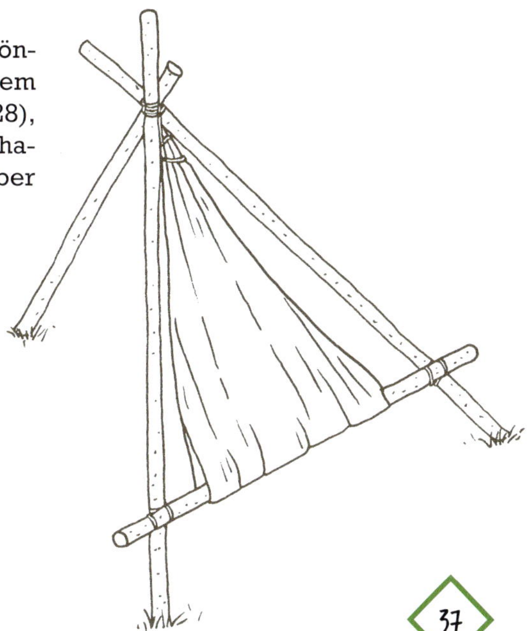

VARIANTE

EIN EINFACHES DREIECK

Sie können den Stuhl auch nur aus zwei Pfosten, die sich oben kreuzen, einer doppelt gelegten Stoffbahn und einem Querträger bauen. Lehnen Sie hierfür die Pfosten einfach gegen einen Baum und verzichten Sie gegebenenfalls sogar auf den Stoff, indem Sie sich gegen die Posten lehnen, sofern diese nahe genug beieinander stehen. Dieser Sitz stammt vielleicht aus der grauen Vorzeit, ist aber superbequem!

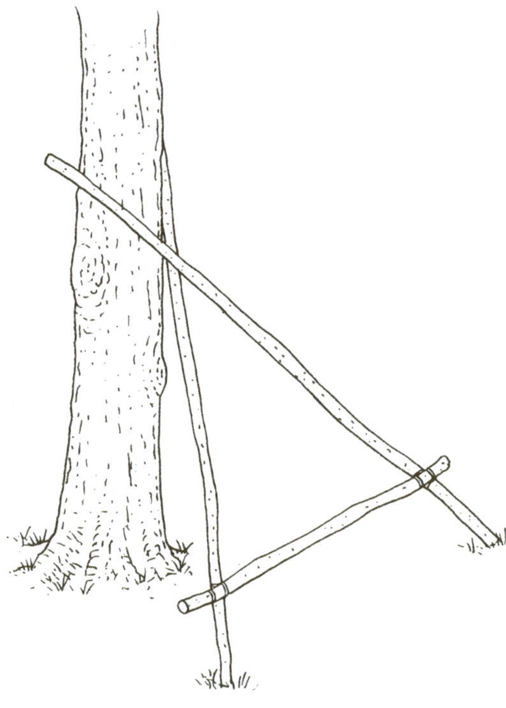

In der Natur ist ein stabiles Dreibein ein Geschenk des Himmels – vor allem, wenn man einen Kochtopf aufhängen möchte ▶

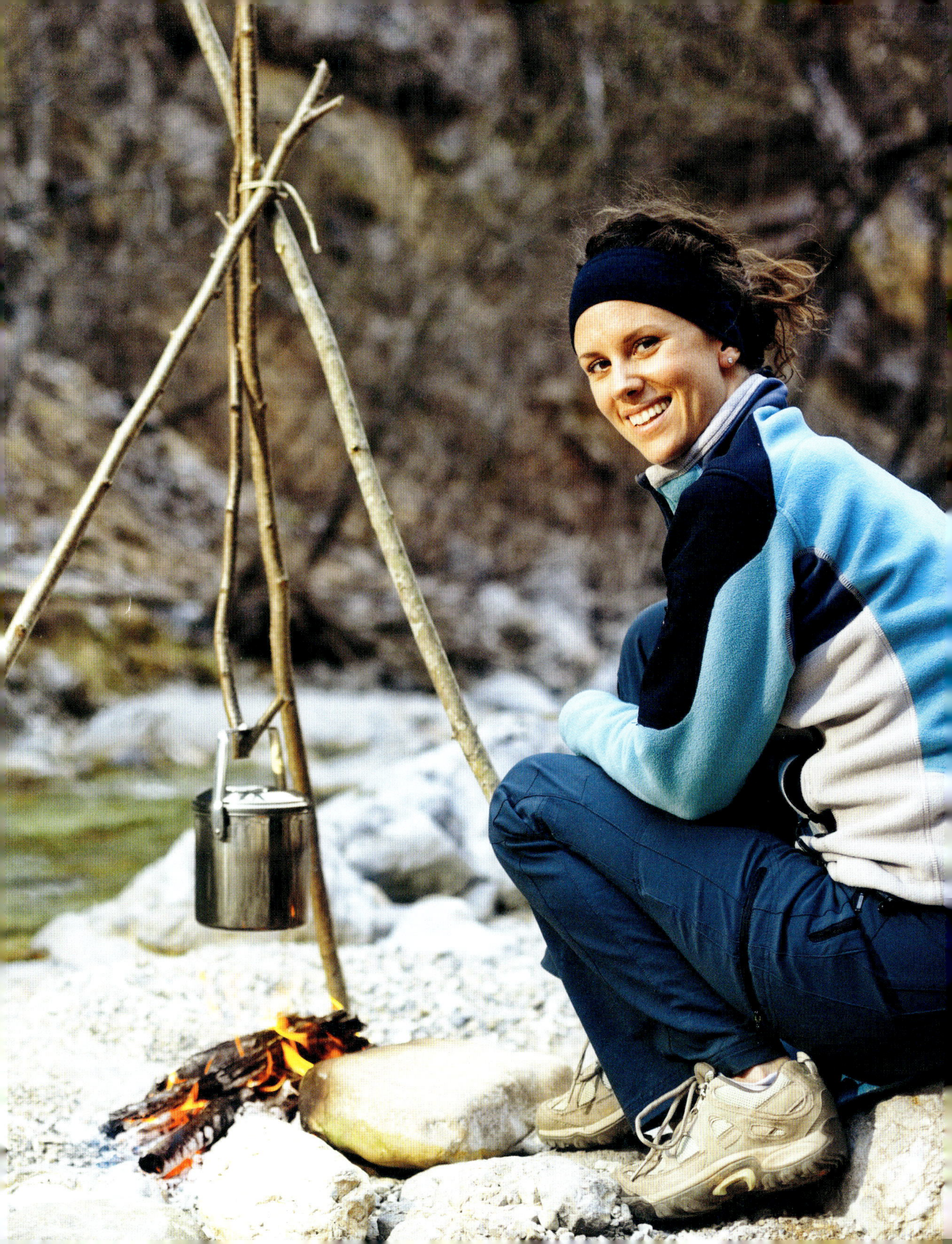

SCHWIERIGKEIT

MASSIVE BANK

Stabil, rustikal, dekorativ ... der Bau dieser Bank scheint vielleicht etwas kompliziert zu sein, aber wenn man erst einmal weiß, wie man Holzverbindungen ausführt (siehe S. 44), was wirklich kein Hexenwerk ist, geht die Arbeit leicht von der Hand. Da die Bank keine Lehne hat, kann sie auch als Tisch oder, wenn man sich rittlings auf sie setzt, zum Schachspielen verwendet werden. Sie ist ideal für längere Aufenthalte im Wald, macht aber auch im Garten eine gute Figur, wobei man in diesem Fall die Holzstangen entrinden und Bretter für die Sitzfläche verwenden sollte – es sei denn, man möchte lieber einen romantischen und wilden Garten.

HILFSMITTEL

- Säge
- Hammer
- Messer
- Stahlnägel mit Flachkopf, 40 mm und 80 mm

BAUMATERIAL

Stangen mit je Ø 50 mm:
- 4 Pfosten, 50 cm lang
- 4 Querträger, 50 cm lang
- Querträger als Sitzauflage, 160 cm lang
- 1 Strebe, 130 cm lang

DIE HOLZVERBINDUNGEN AUSFÜHREN

1 Schneiden Sie jeweils 5 cm vor den Enden der Pfosten eine Aussparung heraus (siehe S. 44).

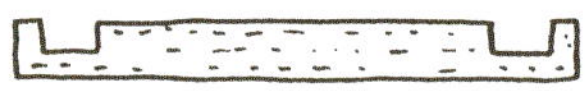

2 Nehmen Sie jeweils an den Enden der beiden 50 cm langen (unteren) Querträger einen Einschnitt vor und schneiden Sie in der Mitte eine Aussparung heraus.

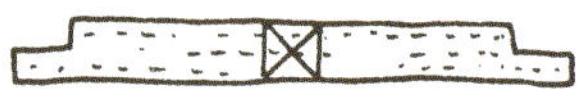

3 Nehmen Sie jeweils an den Enden der übrigen beiden 50 cm langen (oberen) Querträger einen Einschnitt vor.

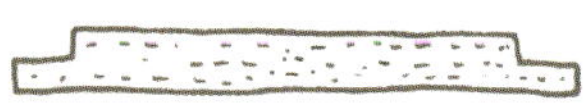

4 Nehmen Sie jeweils an den Enden der Strebe einen Einschnitt vor.

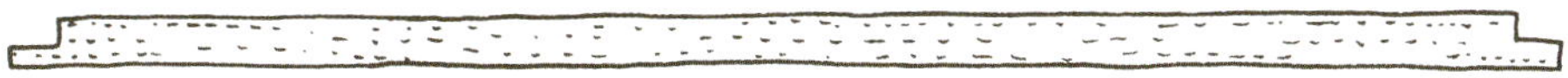

Achten Sie auf die Richtung der mittleren Einschnitte auf den Querträgern! Sie müssen nach oben zeigen (siehe Abbildung unten), damit später die lange Strebe eingesetzt werden kann.

DIE PFOSTEN UND QUERTRÄGER ZUSAMMENSETZEN

1 Legen Sie zwei Pfosten mit den Einschnitten nach oben auf den Boden.

2 Setzen Sie die Querträger ein, wenn nötig mit dem Hammer.

3 Verstärken Sie jede Verbindung mit jeweils drei Nägeln à 40 mm, die Sie schräg einschlagen.

4 Bauen Sie einen zweiten, identischen Rahmen für die andere Seite.

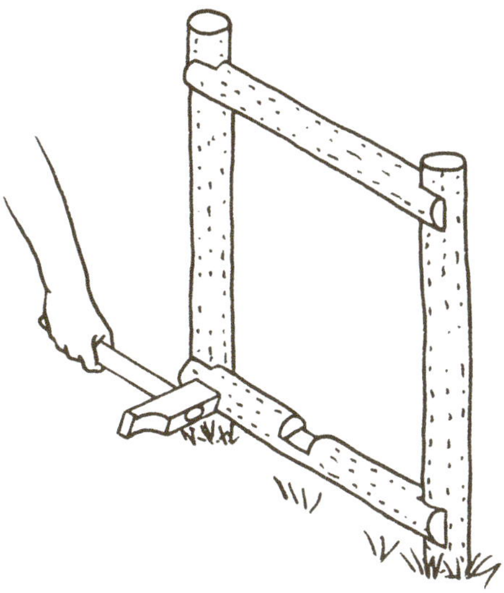

Zum besseren Verständnis des Aufbaus wurde der Rahmen hier bereits aufgerichtet

DIE STREBE UND DIE SITZFLÄCHE ANBRINGEN

1 Stellen Sie die Rahmen auf und setzen Sie die lange Strebe in die unteren Querträger ein und verstärken Sie sie mit Nägeln.

2 Legen Sie die Querträger für die Sitzfläche auf, die (zwischen den Pfosten) etwa 40 cm breit sein sollte. Sie können zum Beispiel acht Querträger mit einem Durchmesser von 5 cm auflegen, die etwa 1,60 m lang sein sollten, damit sie etwas über die Seiten ragen. Fixieren Sie jeden Querträger auf beiden Seiten mit je einem 80 mm langen Nagel.

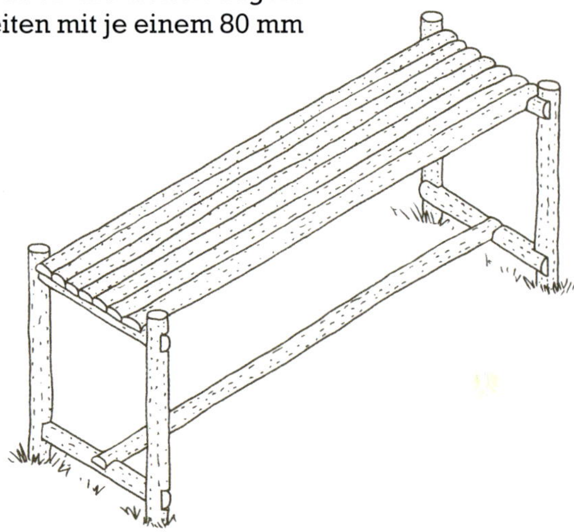

ABWANDLUNGEN

Als Hocker
Sie können nach demselben Prinzip einen stabilen Hocker bauen. In diesem Fall verbinden Sie die beiden Rahmen mit einer etwa 50 cm langen Strebe, bevor sie die etwa 60 cm langen Querträger für die Sitzfläche anbringen.

Für den Garten
Benutzen Sie für die Gartenversion entrindete Pfähle aus Kastanienholz mit einem Durchmesser von 50 mm, die Sie auf die jeweiligen Maße zuschneiden, und für die Sitzfläche Stangen mit einem Durchmesser von 30 mm. Verwenden Sie einen Beitel, um die Einschnitte leichter ausführen zu können, sowie Senkkopfschrauben aus Edelstahl zur Verstärkung. Bohren Sie die Löcher vor und fräsen Sie die Eingänge auf die Größe der Schraubenköpfe aus, damit sie nicht überstehen.

Eine einfachere und massivere Version ohne Strebe, mit vier robusten Füßen und zwei Vierkanthölzern als Querträger ▶

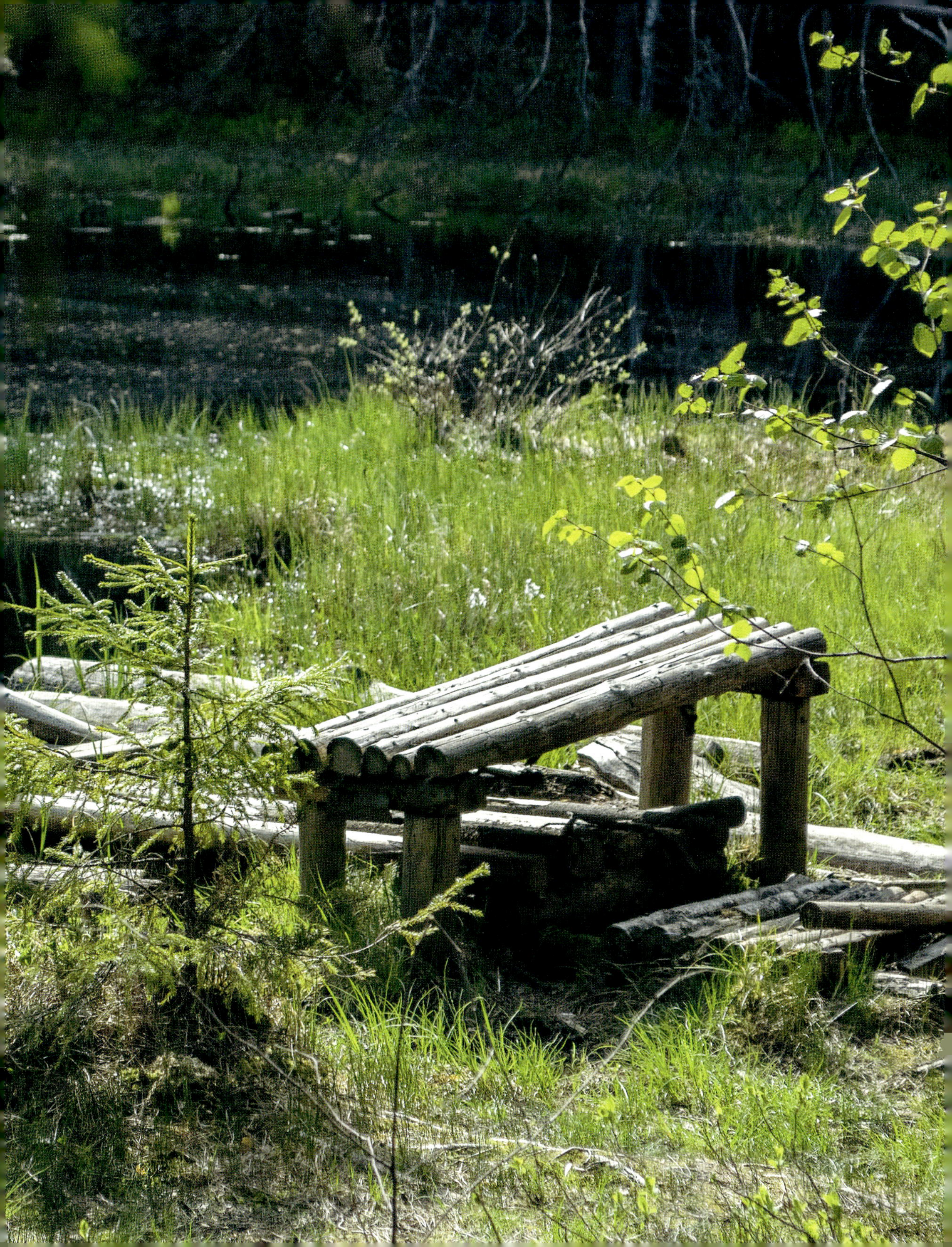

HOLZVERBINDUNGEN

HILFSMITTEL

- Säge
- Messer
- Hammer
- Handschuhe

BAUMATERIAL

- 2 Rundhölzer oder Stangen

KREUZVERBINDUNGEN AUSFÜHREN

1 Legen Sie Teil B auf Teil A und markieren Sie mit der Säge die Breite von Teil B auf Teil A.

2 Sägen Sie auf der jeweiligen Markierung zwei gerade Spalten bis zur Hälfte von Teil A.

3 Sägen Sie dazwischen weitere parallele Spalten.

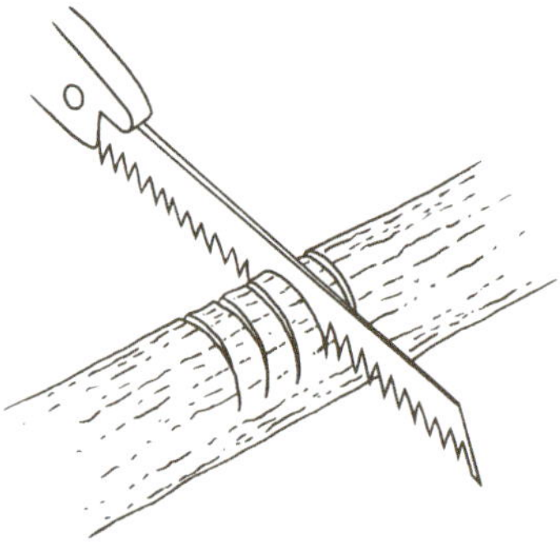

4 Sägen Sie schräg von links und rechts in die Spalten, bis kleine Holzkanten herausspringen.

5 Schneiden Sie die Reste mit dem Messer heraus, bis die Aussparung am „Boden“ glatt ist.

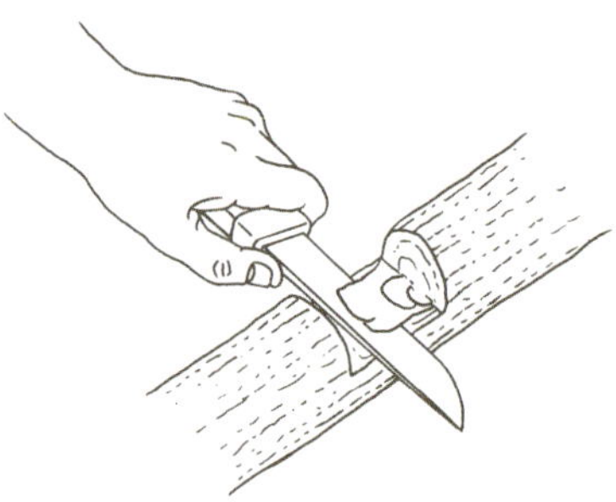

6 Führen Sie entsprechend Einschnitte in Teil B aus, nachdem Sie die Breite mit Teil A markiert haben.

7 Setzen Sie die beiden Teile zusammen, notfalls mit dem Hammer. Ist das nicht möglich, müssen Sie gegebenenfalls einen der Einschnitte mit der Säge oder dem Messer verbreitern.

ENDVERBINDUNGEN AUSFÜHREN

Das ist einfacher, da Sie die Säge nur zwei Mal ansetzen müssen.

1 Legen Sie Teil B auf Teil A und markieren Sie mit der Säge die Tiefe von Teil B auf Teil A.

2 Sägen Sie bis zur Mitte von Teil A.

3 Markieren Sie mit dem Messer den Bereich des Einschnitts, der wegfallen soll.

4 Sägen Sie anschließend gerade bis zum horizontalen Schnitt und entfernen Sie das restliche Holz. Glätten Sie den Einschnitt mit dem Messer.

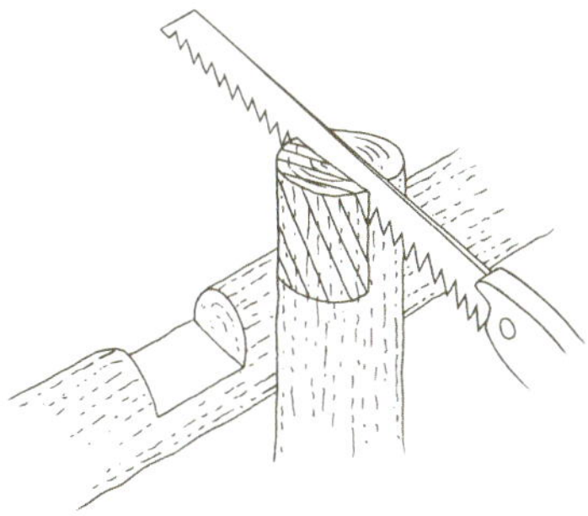

TIPPS UND TRICKS

Holzverbindungen ergeben **stabile Konstruktionen,** schwächen aber auch die Elemente, da die Hälfte der Materialstärke weggenommen wird. Sollen bestimmte Elemente einer starken Belastung ausgesetzt werden, wie Querträger für Sitzflächen, oder schmalere Stangen verwendet werden, können Sie auch nur bis zu einem Drittel ins Holz sägen.

SCHWIERIGKEIT

TISCH AM BAUM

Warum mühselig Pfosten für einen Tisch bearbeiten und zusammenfügen, wenn uns doch die Wälder alle Größen und Formen bereitwillig zur Verfügung stellen? Tatsächlich eignen sich Baumstämme wunderbar als Tischstütze. Man muss nur zwei Stangen von beiden Seiten an einem Stamm befestigen und die Enden auf stabile Pfosten stützen. Zwar gibt der Stamm automatisch die Breite des Tischunterbaus vor, aber die Auflage, in diesem Fall eine Matte, kann natürlich breiter ausfallen.

HILFSMITTEL

- Säge
- Messer
- Hammer (optional)
- dünnes Seil

BAUMATERIAL

Stangen mit Ø 50 mm:
- 2 Querträger, 1,70 m lang
- 2 Pfosten, 1,10 m lang

Stangen mit Ø 20 mm:
- Stäbe für die Matte (Tischplatte), 40 cm lang

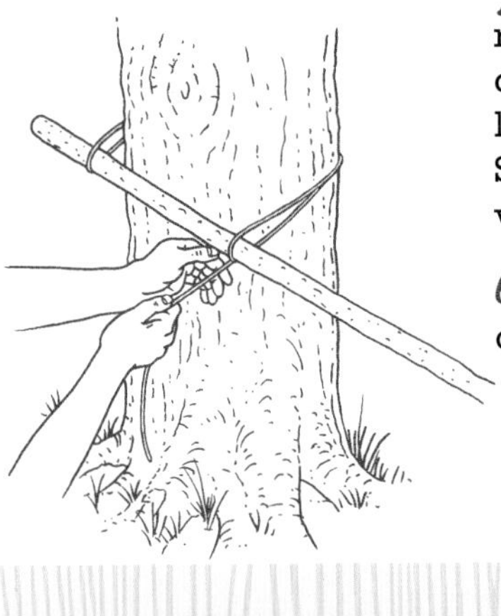

DIE QUERTRÄGER BEFESTIGEN

1 Suchen Sie sich einen freistehenden Baum mit einem Durchmesser von etwa 30 cm. Der Boden um den Baum sollte flach und trocken sein.

2 Markieren Sie den Stamm in einer Höhe von etwa 70 cm.

3 Schneiden Sie ein etwa 2,5 m langes Seilstück ab. Knüpfen Sie 5 cm von einem Ende entfernt einen festen Knoten und 10 cm vom ersten Knoten entfernt einen weiteren Knoten mit Schlaufe.

4 Schieben Sie das Ende des Querträgers durch die Schlaufe und ziehen Sie den Knoten zu.

5 Platzieren Sie den Querträger an der Markierung des Baumstamms, führen Sie das Seil um den Baum und den Querträger und wiederholen Sie dies. Ziehen Sie alles fest und knüpfen Sie einen Kreuzknoten, indem Sie das lose Ende vom ersten Knoten verwenden.

6 Fixieren Sie den anderen Querträger entsprechend auf der anderen Seite des Baums.

DIE PFOSTEN AUFSTELLEN

1 Spitzen Sie die beiden Pfosten an (siehe S. 35).

2 Finden Sie heraus, wo genau die Pfosten aufgestellt werden müssen (knapp 10 cm vor den Enden der Querträger).

3 Schlagen Sie sie mit einem Hammer oder Holzklotz mindesten 20 cm tief in den Boden.

DIE STRUKTUR FERTIGSTELLEN UND DIE TISCHMATTE HINZUFÜGEN

1 Richten Sie die Querträger waagerecht aus und befestigen Sie sie mit je einem Kreuzbund an den Pfosten (siehe S. 28).

2 Messen Sie die Länge zwischen Stamm und Pfosten und knüpfen Sie eine entsprechende Matte (siehe S. 50).

3 Rollen Sie die Matte auf den Querträgern aus und befestigen Sie sie an diesen mit vier Seilstücken.

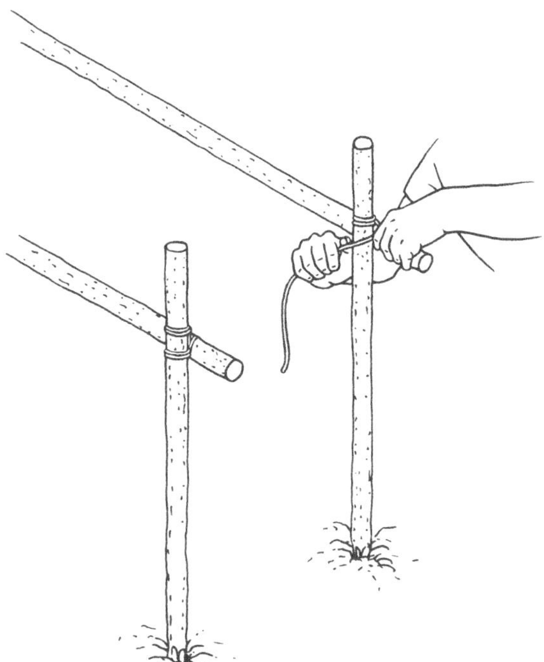

ABWANDLUNGEN

Im Garten spendet ein solcher Tisch nicht nur Schatten, sondern kann auch für Pflanzen genutzt werden, vor allem Zimmerpflanzen wie Begonien und Farne, die nach draußen wandern, sobald es warm genug ist.

Ein Tisch ist nicht genug
Wenn zwei Bäume nahe genug beieinander stehen, können Sie einen zweiten Tisch bauen und über eine Matte verbinden.

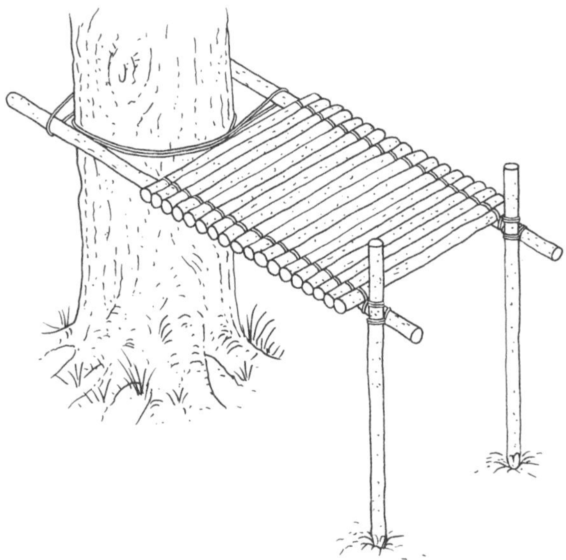

Unterschiedlich eng geknüpfte Querträger eignen sich zur Herstellung von Auflagen für Tische, Sitzflächen für Stühle oder sogar für Betten und Hängematten ▶

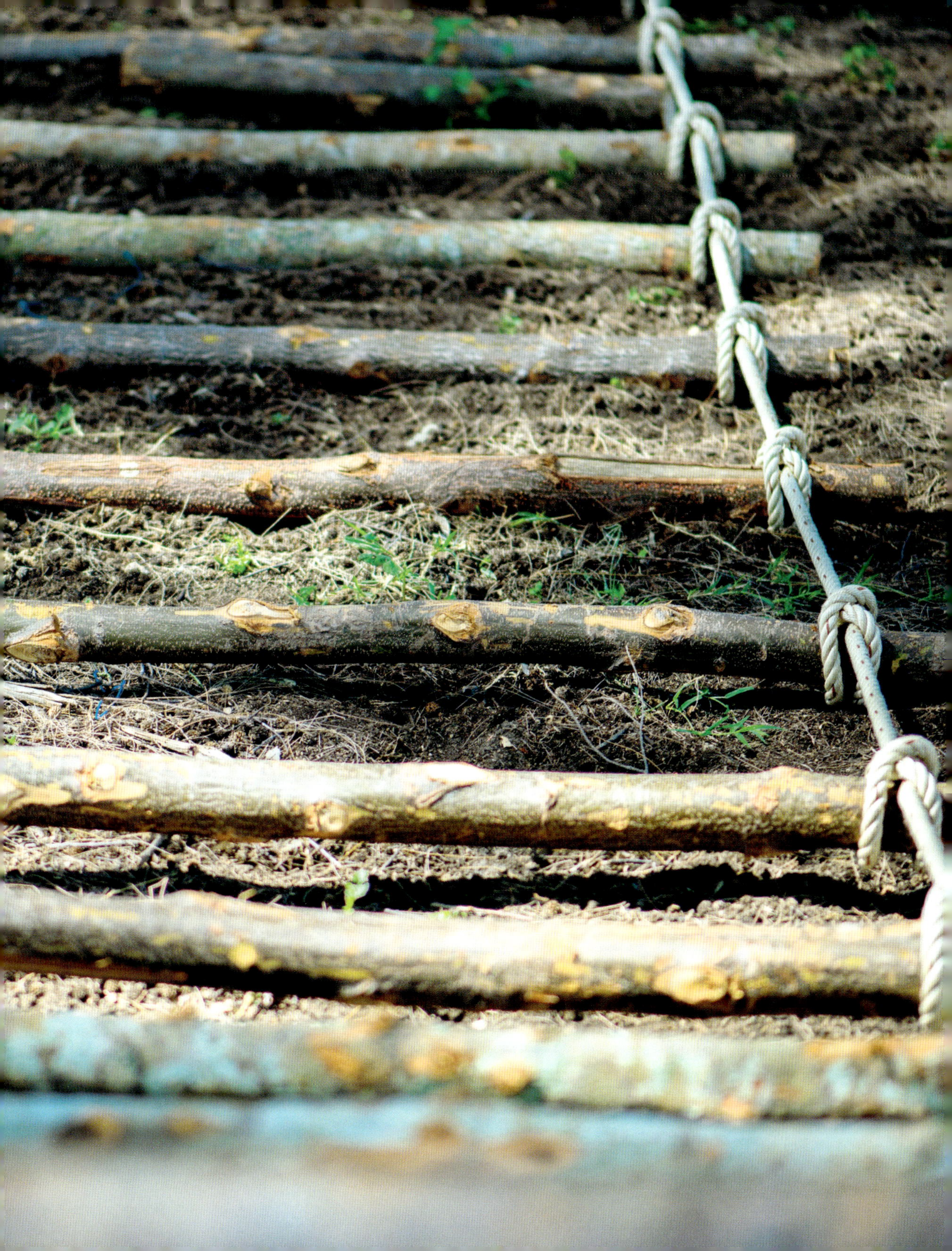

EINE TISCHMATTE KNÜPFEN

HILFSMITTEL

- Säge
- Schnur

BAUMATERIAL

Sehr gerade Stangen: im Idealfall mit einem Durchmesser von 15–20 mm für Tischplatten oder Regale und 20–30 mm für Sitzflächen.

DER ERSTE STRANG

1 Schneiden Sie die Stangen auf gleiche Länge – für Tischplatten/-matten sollten diese jeweils 10–15 cm über die Seiten des Unterbaus hinausragen.

2 Legen Sie sie nebeneinander auf den Boden.

3 Schneiden Sie zwei gleich lange Schnürstücke ab, die etwa drei Mal so lang wie die Matte sind.

4 Befestigen Sie das Ende einer Schnur mit einem Webeleinenstek oder einem Kreuzknoten an der ersten Stange, etwa 3 cm vom Rand entfernt und lassen Sie ein loses Ende von etwa 15 cm überstehen.

5 Führen Sie die Schnur über die zweite Stange, dann unter die dritte und so weiter bis zum Ende der Matte.

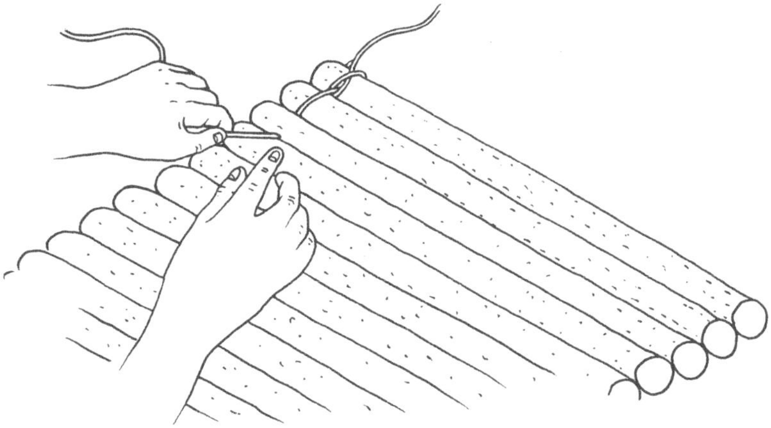

DER ZWEITE STRANG

1 Führen Sie die Schnur um die letzte Stange und arbeiten Sie sich wieder zurück, damit sie jede Stange komplett umläuft. Ziehen Sie sie im Verlauf immer wieder fest.

2 Schließen Sie mit der ersten Stange ab und knüpfen Sie einen Kreuzknoten.

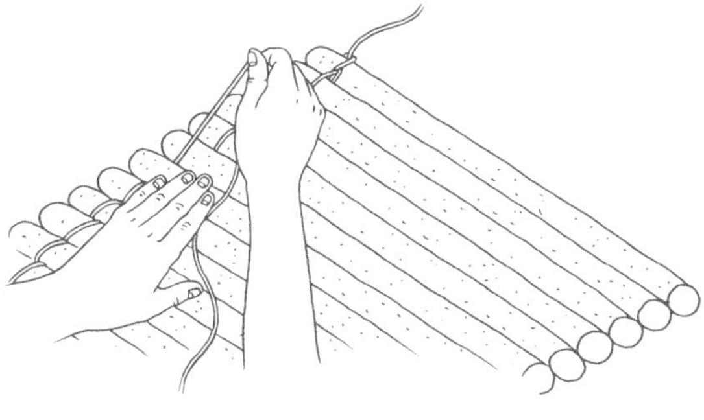

3 Wiederholen Sie dies auf der anderen Seite der Matte.

TIPPS UND TRICKS

Ziehen Sie die Schnüre gut fest, denn die Stäbe lockern sich immer ein wenig.

Damit die Schnüre besser sitzen, können Sie mit dem Messer kleine Schlitze oder Löcher in die erste und letzte Stange schneiden, durch die Sie die Schnüre führen, bevor Sie den Knoten setzen.

ZU ZWEIT EINE MATTE KNÜPFEN

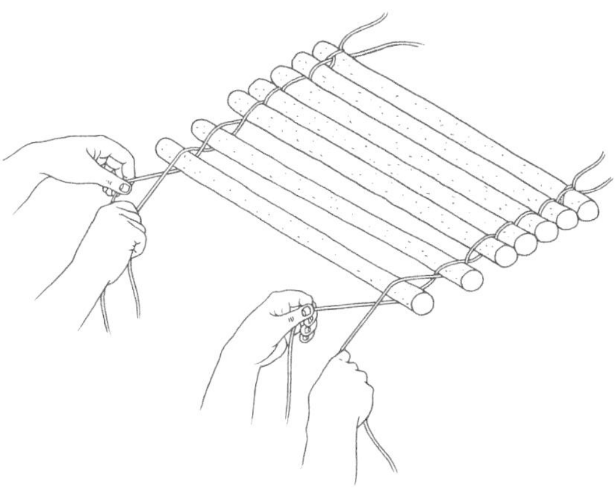

1 Befestigen Sie zunächst die erste Stange mit zwei Schnüren je Seite an einem Baumstamm, damit Sie zusammen auf Zug arbeiten können.

2 Bringen Sie anschließend die Schnüre an und führen Sie sie eng um die Stangen. Schnur A geht drüber und drunter, während Schnur B drunter und drüber geht. Für mehr Stabilität können Sie hinter jeden Stab einen Knoten setzen. Eine solche Matte lässt sich gut einrollen, mitnehmen und für viele andere Anlässe verwenden.

SCHWIERIGKEIT

TISCH „DOPPEL X“

X-förmige Tischbeine gibt es schon lange: bereits die Griechen, Römer und Ägypter wussten Sie zu schätzen. Sie sind nicht nur robust, sondern auch wunderbar schlicht – und ermöglichen uns hier, einen Tisch und zwei Sitzmöglichkeiten mit nur sechs Holzstangen zu bauen. Die beiden X werden von den Querträgern der Tischplatte in Position gehalten, was für eine enorme Stabilität sorgt, und zusätzlich durch die Querträger für die Sitzstangen verstärkt. Der Tisch ist schnell aufgebaut und hält ewig, besonders in der Gartenversion mit Rundhölzern und einer Tischplatte aus Brettern.

HILFSMITTEL

- Säge
- Messer
- dünnes Seil
- Schnur

BAUMATERIAL

Stangen mit Ø 80–100 mm:

- 4 Pfosten für die Tischbeine, 2,50 m lang
- 2 Querträger für den Tisch, 2,20 m lang
- 2 Querträger für die Sitzstangen, 2,20 m lang

Stangen mit Ø 20–30 mm

- für die Tischplatte (Matte)

DIE STRUKTUR FESTLEGEN

| Legen Sie zwei Pfosten über Kreuz auf den Boden und verbinden Sie sie in der Mitte locker mit einer Schnur. Machen Sie dasselbe mit den anderen beiden Pfosten.

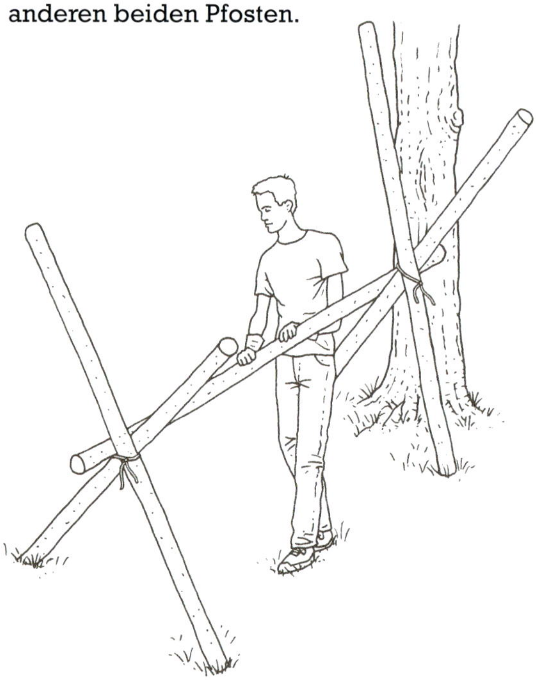

2 Stellen Sie die Pfosten zu einem X auf – lehnen Sie der Einfachheit halber eines der Kreuze gegen einen Baum.

3 Bringen Sie einen der Querträger für die Tischplatte an, indem Sie ihn zunächst nur locker mit den Kreuzmittelpunkten verbinden.

4 Machen Sie dasselbe mit dem zweiten Querträger. Das Ganze sollte nun einigermaßen von selbst stehen können.

DIE QUERTRÄGER AUSRICHTEN UND VERBINDEN

1 Richten Sie die Pfosten (das X der Tischbeine) und Querträger so aus, dass die künftige Tischplatte/-matte etwa 75 cm hoch ist.

2 Ziehen Sie die Querträger für die Tischplatte mit dem Seil am Kreuzmittelpunkt fest und berücksichtigen Sie dabei die Breite der künftigen Matte: Führen Sie das Seil wie eine Acht außerhalb des X um die beiden Querträger und setzen Sie einen Knoten. Wiederholen Sie dies beim anderen X.

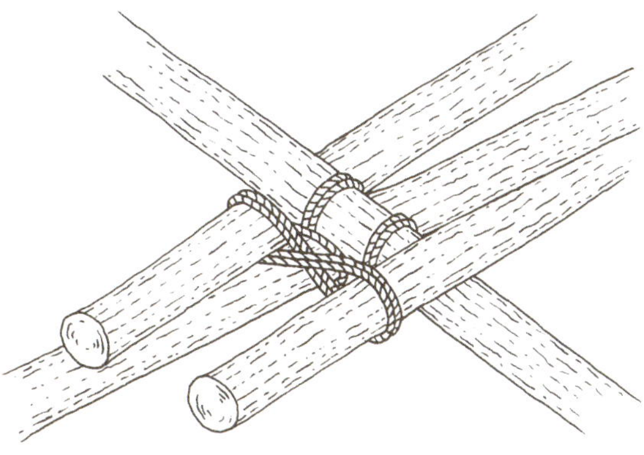

DIE SITZSTANGEN UND DIE TISCHPLATTE ANBRINGEN

1 Bringen Sie den ersten Querträger für die Sitzstangen etwa 45 cm über dem Boden an und befestigen Sie ihn mit einem Kreuzbund (siehe S. 28) an den Tischbeinen.

2 Befestigen Sie auf diese Weise den zweiten Querträger auf der anderen Seite.

3 Fertigen Sie die Tischplatte, indem Sie die dünnen Stangen nebeneinander auf die Querträger legen und mit der Schnur befestigen – oder eine Matte knüpfen (siehe S. 50), die Sie anschließend fixieren.

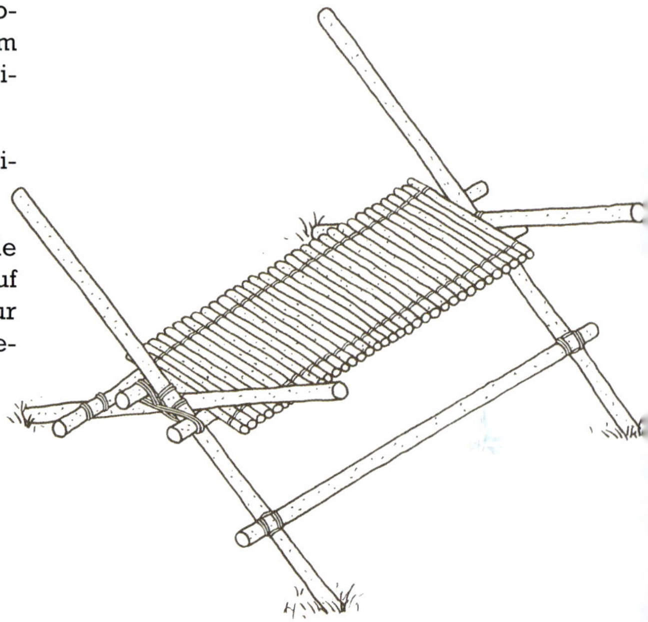

ABWANDLUNGEN

Eleganterer Tisch
Sie können auch kürzere Stangen für das X der Tischbeine verwenden, die dann nur etwa 20 cm über den Schnittpunkt des X hinausragen, so wirkt der Tisch eleganter, aber Sie können oben keine Laternen mehr aufhängen.

Für mehr Komfort
Oft empfindet man es als angenehmer, nur auf einer einzelnen Holzstange zu sitzen – sie muss aber dick genug sein –, als auf mehreren kleinen. Wer jedoch eine Runde Karten spielen möchte und sich etwas mehr Komfort wünscht, kann natürlich weitere Querträger und Pfosten zum Sitzen hinzufügen (siehe S. 34). Noch einfacher ist aber, sich einfach einen gerollten Pulli oder eine Decke unterzulegen.

Wer weiß, wie man Holz spaltet (siehe S. 59), ist nicht nur beim Bushcrafting klar im Vorteil! ▶

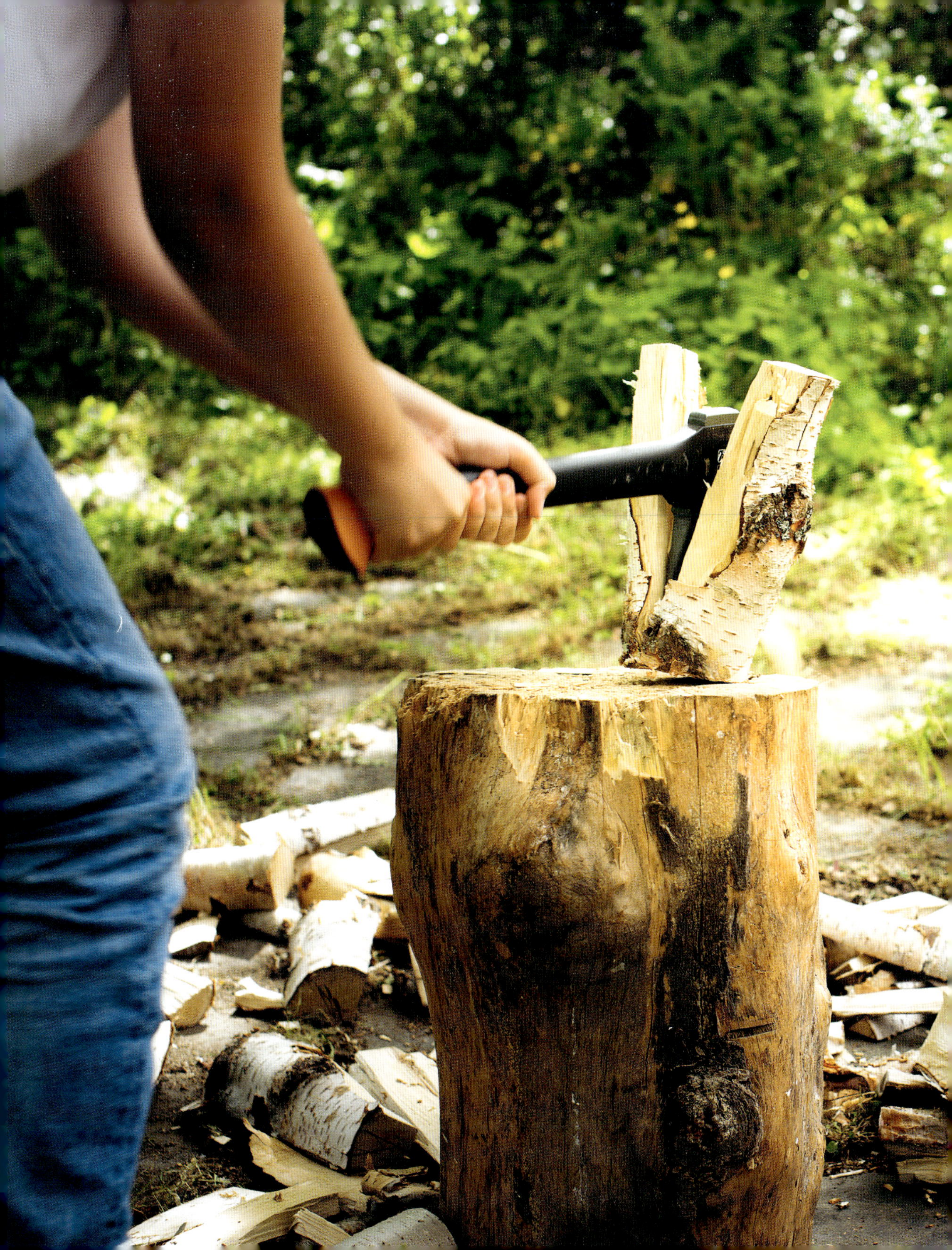

SCHWIERIGKEIT

TISCH „DREIBEIN“

Trotz seines Namens besteht dieser Tisch aus sechs Beinen und ist extrem robust und stabil, was vor allem durch die nach außen stehenden Beine der Dreibeine erreicht wird. Je nach Gästezahl kann man den Tisch in der Länge variieren. Er verfügt über zwei recht bequeme Sitzbänke aus jeweils zwei Stangen. Die Tischplatte wird hier aus Halbrundhölzern gefertigt, was natürlich heißt, dass man wissen sollte, wie man Hölzer spaltet (siehe Kasten S. 57). Man kann aber auch eine Matte verwenden (siehe S. 50).

HILFSMITTEL

- Messer
- Säge
- dünnes Seil
- Schnur

BAUMATERIAL

Stangen mit Ø 40–50 mm:
- 6 Pfosten für die Dreibeine, 2,30 m
- 2 lange Querträger für den Tisch, 2,30 m
- 2 kurze Querträger für den Tisch, 1,20 m
- 4 lange Querträger für die Sitzfläche, 2,30 m
- 2 kurze Querträger für die Sitzfläche, 1,60 m

Halbrundhölzer (oder Stangen):
- für eine Tischplatte von 1 m

HINWEISE

- Die Sitzfläche bieten auf jeder Seite Platz für 5 Personen.
- Die Sitzflächen sind 45 cm hoch.
- Die Tischplatte ist 75 cm hoch.

DIE DREIBEINE BAUEN

1 Legen Sie drei der Pfosten auf den Boden, zwei nebeneinander und den dritten obenauf.

2 Knüpfen Sie einen Webeleinenstek an einen der Pfosten, lassen Sie ein loses Ende von etwa 15 cm überstehen und knüpfen Sie einen Dreibeinbund (siehe S. 27).

3 Stellen Sie das Dreibein auf und ziehen Sie die Füße etwa 1,50 m auseinander. Bauen Sie entsprechend das zweite Dreibein.

DIE KURZEN QUERTRÄGER ANBRINGEN

1 Stellen Sie die Dreibeine einander gegenüber auf.

2 Befestigen Sie die beiden kurzen Querträger für die Tischplatte in einer Höhe von etwa 65 cm (mit je einem Kreuzbund, siehe S. 28) – damit die Tischplatte 75 cm hoch wird – und die kurzen Querträger für die Sitzfläche in einer Höhe von knapp 40 cm, damit die Bänke 45 cm hoch werden.

DIE LANGEN QUERTRÄGER UND DIE TISCHPLATTE ANBRINGEN

1 Befestigen Sie die beiden langen Querträger innen auf den kurzen Querträgern der Tischplatte, mit je einem Kreuzbund.

2 Fixieren Sie auf diese Weise, jedoch außen, auf jeder Seite zwei lange Querträger für die Sitzfläche.

3 Legen Sie die Halbrundhölzer nebeneinander auf die langen Querträger des Tisches und verknüpfen Sie sie sorgfältig auf beiden Seiten. Setzen Sie hinter jedes Element einen Knoten.

TIPPS UND TRICKS

Halbrundhölzer ergeben eine glatte Tischoberfläche, was sich besonders bei einem Gartentisch lohnt. Im Wald muss man das Holz allerdings erst finden und spalten (siehe S. 59), was nicht immer einfach ist. Sie können auch Stangen mit einem Durchmesser von 20–30 mm verwenden und zu einer Matte verknüpfen (siehe S. 50).

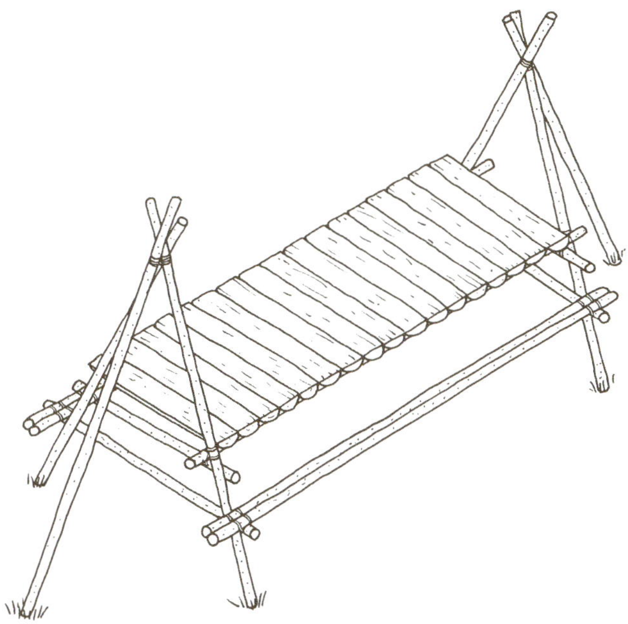

Vorderansicht

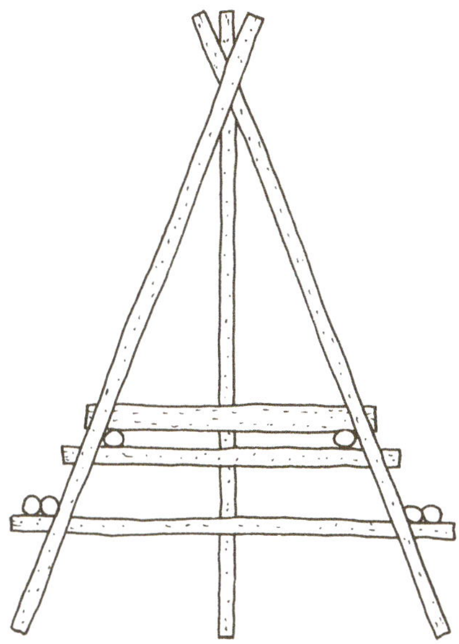

Seitenansicht

VARIANTE

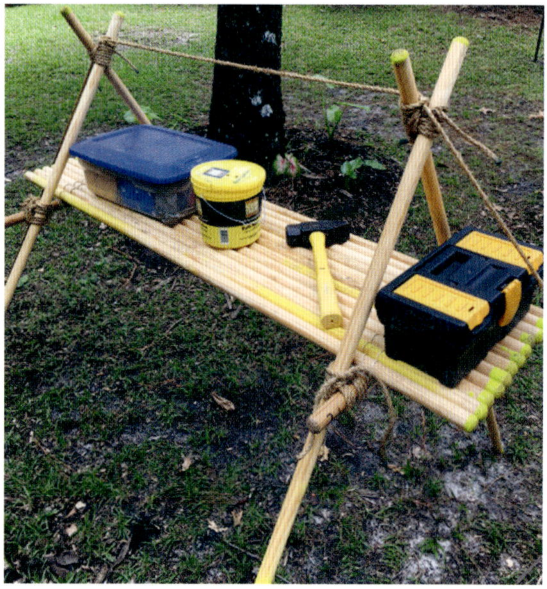

Für den Garten können Sie auch eine Version aus Rundhölzern (beispielsweise aus imprägnierten Kieferstangen) und ohne Sitzbänke bauen. In diesem Fall haben alle Teile den gleichen Durchmesser und werden mit Seilen befestigt. Ebenso werden die nach außen stehenden Beine durch ein gespanntes Seil ersetzt, das im Boden verankert wird.

ABWANDLUNGEN

Eine hohe Querstange und ein Zelt

Die Konstruktion kann durch einen zusätzlichen langen Querträger verstärkt werden, der mit Knoten oben in den Dreibeinen befestigt wird. Auf diese Weise lassen sich Lampen und andere Dinge aufhängen oder eine Zeltplane spannen.

Ein Regal

Die Dreibeine können auch als Regale genutzt werden, um diverse Gegenstände wie zum Beispiel, Werkzeug, Geschirr oder Töpfe aufzubewahren. Dazu muss man nur jeweils drei Querträger mit einem Kreuzbund auf einer sinnvollen Höhe befestigen und Regalböden aus geschnürten Flächen (siehe Tisch „Tipi“ auf Seite 74) oder Matten herstellen.

EIN RUNDHOLZ SPALTEN

HILFSMITTEL

- Beil
- Holzkeil
- Fäustel (oder Hammer)
- Handschuhe
- festes Schuhwerk

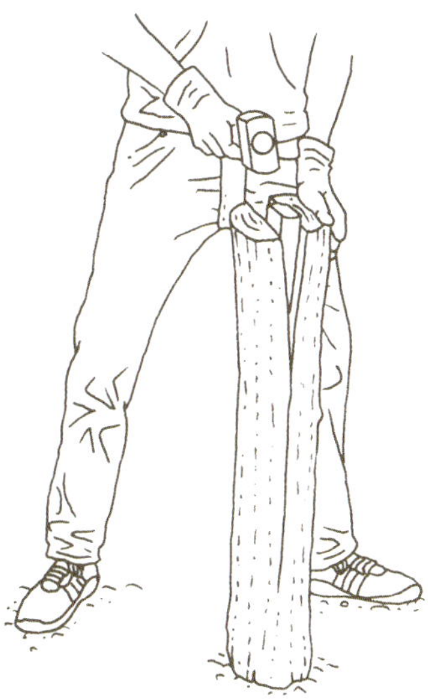

1 Stellen Sie das Rundholz auf einen möglichst trockenen und festen Untergrund.

2 Nehmen Sie eine stabile Position ein, die Beine möglichst gespreizt, damit Sie sich nicht mit dem Beil verletzen.

3 Positionieren Sie die Schneide des Beils mittig auf dem oberen Ende des Rundholzes und halten Sie den Griff mit einer Hand fest.

4 Schlagen Sie mit der anderen Hand mit dem Fäustel auf den Kopf des Beils, sodass ein Spalt entsteht.

5 Stecken Sie den Keil gerade in den Spalt und schlagen Sie mit dem Fäustel darauf.

6 Treiben Sie den Keil komplett hinein, um das Rundholz zu spalten. Sollte er verkanten, können Sie mit dem Beil auf den Keil schlagen, um den Spalt zu vertiefen.

7 Glätten Sie gegebenenfalls die gespaltenen Seiten.

SCHWIERIGKEIT

GELÄNDEHOCKER

Dieser Hocker lässt sich mit drei Stangen und ein wenig Seil schnell und einfach umsetzen – und ist trotzdem bequem, was zugegebenermaßen nicht für alle Bushcraft-Sitzgelegenheiten gilt. Kein Wunder also, dass er zu den beliebtesten Hockern im Bushcrafting zählt. Er ist perfekt, um sich an ein Lagerfeuer oder an einen der auf diesen Seiten vorgestellten Tische zu setzen, aber man kann ihn auch als Ablage für Rucksäcke oder Ähnliches nutzen.

HILFSMITTEL

- Säge
- Messer
- dünnes Seil (vorzugsweise Paracord)

BAUMATERIAL

Stangen mit Ø 40–50 mm:

- 3 Pfosten für die Beine, 50–60 cm lang

DAS DREIBEIN BAUEN

1 Runden Sie die oberen Kanten der Pfosten grob mit dem Messer ab.

2 Kerben Sie 1–2 cm vom oberen Ende entfernt eine umlaufende Rille in das Holz.

3 Legen Sie die Pfosten auf den Boden und verbinden Sie sie mit einem Dreibeinbund (siehe S. 27).

4 Ziehen Sie die Pfosten zu einem Dreibein auseinander und stellen Sie es auf.

5 Legen Sie die Abstände der einzelnen Beine zueinander fest, um die Maße der dreieckigen Sitzfläche zu bestimmen. Empfehlenswert ist eine Seitenlänge von 35 cm.

DIE SITZFLÄCHE FLECHTEN

1 Verbinden Sie die drei Pfosten mit dem Seil, damit ein Dreieck entsteht. Führen Sie das Seil durch die Rillen, ziehen Sie es fest und setzen Sie hinter jeden Pfosten einen Knoten.

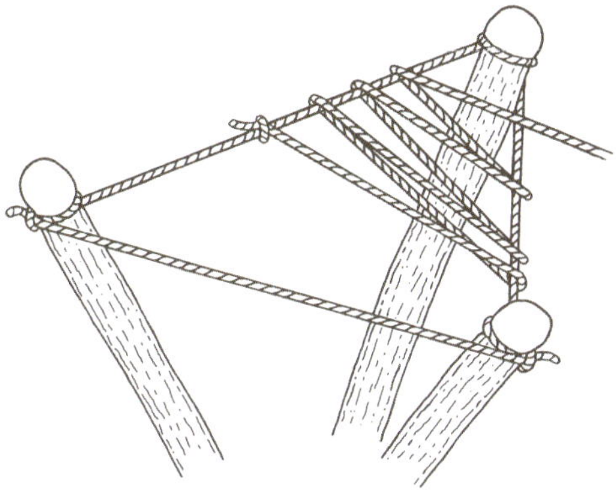

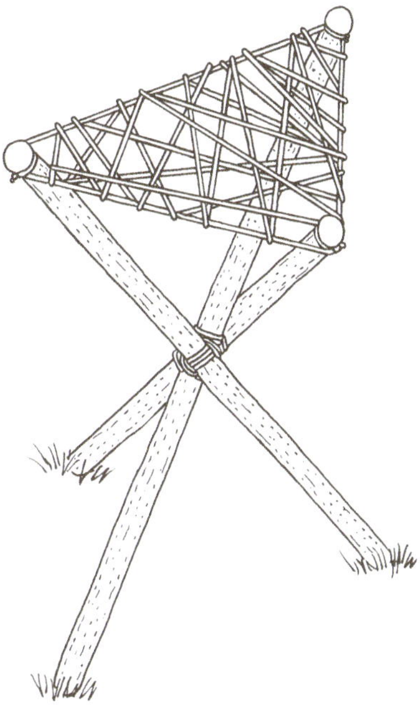

2 Flechten Sie die Sitzfläche, indem Sie das Seil über die Seiten führen – erst über zwei Seiten des Dreiecks, dann über zwei weitere und schließlich über die letzten zwei. Spannen Sie dabei das Seil – aber nicht zu stark.

3 Testen Sie das Dreibein. Falls nötig, können Sie das Geflecht noch enger spannen.

ABWANDLUNGEN

Eine geflochtene Sitzfläche ist bequem, kann aber auch durch kurze Holzstangen mit einem Durchmesser von etwa 20 mm ersetzt werden. Kürzen Sie sie auf die Maße des Dreiecks (lassen Sie sie aber 5 cm über die Ränder hinausragen) und bringen Sie sie nebeneinander an. Oder knüpfen Sie eine kleine, dreieckige Matte (siehe S. 50).

Wenn Sie langlebigere Hocker für Ihren Garten bauen möchten, sollten Sie runde Pfähle aus Akazien- oder Kastanienholz mit einem Durchmesser von 50 mm verwenden. Wählen Sie für die Sitzfläche einen festen Outdoor-Bezugsstoff, den Sie zuschneiden und gut vernähen, und fertigen Sie zusätzlich drei Hüllen für die Füße an.

SCHWIERIGKEIT

BETT AUS SCHNÜREN

Unter den Sternen schlafen … die Nacht neu entdecken … die milde Luft, die Wohlgerüche der Natur, das Rascheln der Tiere, und darüber das mächtige Himmelszelt. Welch herrliche Erfahrung in lauen Sommernächten! Direkt auf dem Boden sollten Sie aber nicht schlafen, da Feuchtigkeit aufsteigen kann und Sie mit Insekten rechnen müssen, die zwar bestimmt ganz nett sind, aber eine unruhige Nacht bescheren können! Wer eine Traumnacht in einem 1000-Sterne-Hotel verbringen möchte, sollte sich daher ein richtiges Bett bauen, ein gemütliches, erhöhtes Nachtlager, auf dem man den Großen Bären bewundern und nach einer langen Wanderung zur Ruhe kommen kann.

HILFSMITTEL

- Säge
- Messer
- Seil
- Schnur (aufgespult)

BAUMATERIAL

Stangen mit Ø 60–80 mm:
- 6 Pfosten für die Dreibeine, 1,5 m lang

Stangen mit Ø 50 mm:
- 2 Querträger, 2,5 m lang

DIE DREIBEINE AUFSTELLEN

1 Legen Sie die drei Pfosten auf den Boden, zwei davon nebeneinander und den dritten obenauf.

2 Knüpfen Sie an einen der Pfosten einen Webeleinenstek, führen Sie das Seil mehrmals um die drei Pfosten und schließen Sie mit einem Kreuzknoten ab (siehe S. 27).

3 Wiederholen Sie diesen Schritt mit den übrigen drei Pfosten.

4 Stellen Sie die Dreibeine etwa 2 m voneinander entfernt auf.

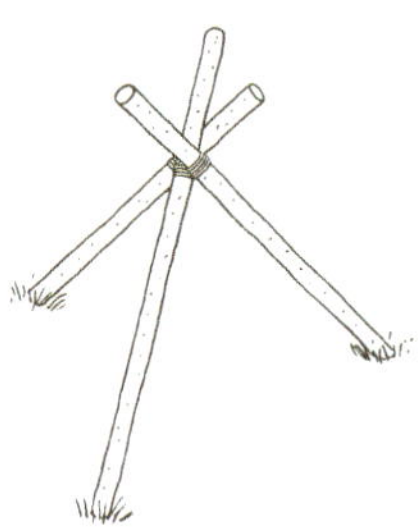

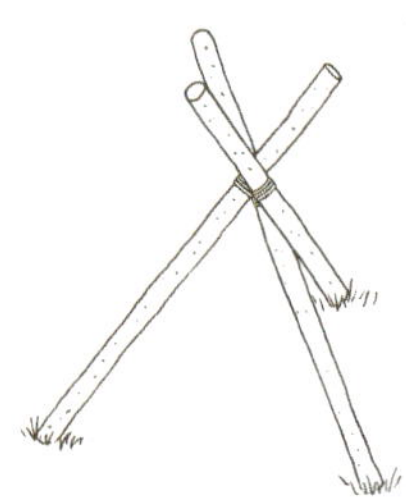

DIE LIEGE FLECHTEN

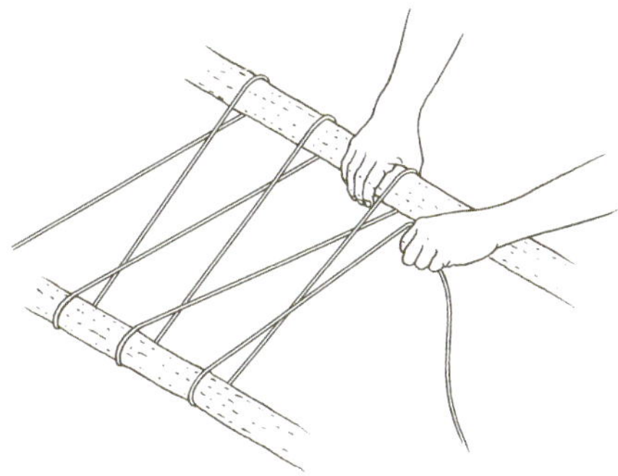

1 Legen Sie beide Querträger mit einem Abstand von 60–70 cm auf den Boden und verbinden Sie sie mit zwei Schnüren von jeweils 1 m Länge.

2 Bringen Sie die Querträger an den Dreibeinen an. Achten Sie darauf, dass sie parallel aufliegen.

3 Befestigen Sie das Ende der Schnur (Spule) mit einem dreifachen Knoten an einer der Stangen, dicht am Dreibein, und führen Sie die Spule straff über und unter den Stangen hindurch.

4 Verfahren Sie so über die gesamte Länge. Achten Sie dabei auf Gleichmäßigkeit und schließen Sie mit einem dreifachen Knoten ab.

5 Probieren Sie die Liege aus. Wenn Sie die Schnüre zu sehr spüren, können Sie eine doppelte Schicht flechten.

TIPPS UND TRICKS

Sie können **die Höhe des Bettes** an den Dreibeinen einstellen, indem Sie die Stangen auseinanderziehen oder enger stellen, oder indem Sie längere oder kürzere Schnurstücke für die Querträger der Liege verwenden.

Flechten Sie gleichmäßig und spannen Sie dabei die Schnur – auch wenn sich das Bett beim Liegen von selbst „spannt“. Was übrigens das Geniale an dieser Liege ist, da Ihr Körpergewicht die Querträger an die Dreibeine herandrückt und für mehr Sicherheit sorgt.

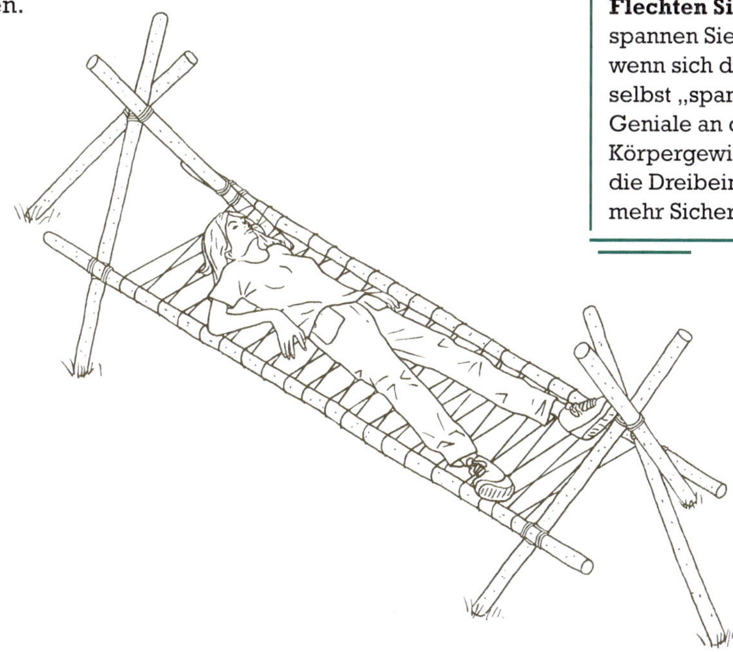

ABWANDLUNGEN

Ein eigenes Zelt-Bett!
Wenn das Wetter zu kippen droht, können Sie einfach eine Stange oben auf die Dreibeine legen, auf beiden Seiten fixieren und eine Plane (ein Tarp oder einen großen Poncho) aufspannen, um sich zu schützen.

Eine gemütlichere Schlafstätte
Selbst wer auf der Suche nach extremen Erfahrungen ist, kann es sich dabei ruhig ein wenig gemütlich machen. Der natürlichste Weg wäre, seine Liege mit Tannen- oder Fichtenzweigen auszukleiden: das ist weich und duftet angenehm. Sie können aber auch eine Decke, einen Schlafsack oder eine Isomatte auslegen.

Keine Lust auf Flechten
Wer nicht flechten möchte oder es eilig hat, kann auch Säcke aus Polypropylen-Gewebe verwenden – wie Garten- oder Bauschutt-säcke. Sie sind groß (etwa 1 m hoch und 60–70 cm breit) und extrem reißfest. Schneiden Sie einfach Löcher unten in die Ecken der Säcke, ziehen Sie sie über die Stangen, und schon haben Sie eine stabile Schlafstätte.

Eine Waldhütte aus stabilen Pfosten und aufgehäuften Ästen zu bauen (hier fehlt nur noch das Laub zum Abdichten), macht Spaß und ist besonders bei schlechtem Wetter als Unterschlupf sehr willkommen ▶

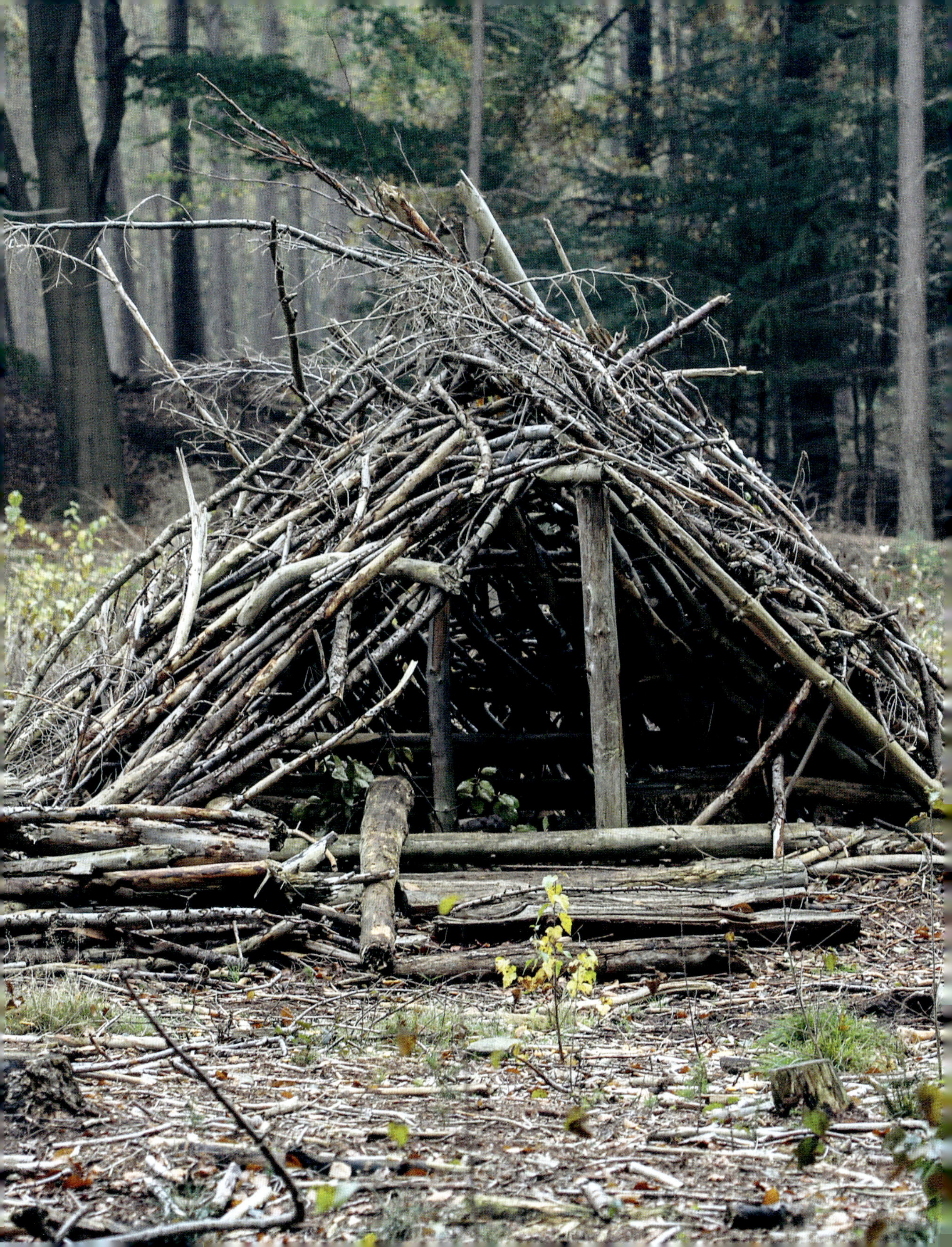

SCHWIERIGKEIT

SESSEL „RELAX“

Diese Sitzgelegenheit ist Natur pur. Sie besteht weder aus Nägeln noch aus Schrauben, sondern nur aus Holz und Seilen – und ist trotzdem herrlich bequem! Hier kann man sich gemütlich zurücklehnen, relaxen, die Baumkronen betrachten und dem Zwitschern der Vögel lauschen. Außerdem ist sie einfach zu transportieren und kann mit getrockneten und lackierten Holzstangen für den Garten adaptiert werden.

HILFSMITTEL

- Säge
- Messer
- Seil
- dickes Seil

BAUMATERIAL

Stangen mit Ø 20–25 mm:
- 30–35 Hölzer, 40 cm lang
- 2 Querträger, 60 cm lang

Gegabelte Stangen mit Ø 40 mm:
- 2 Stangen, 80 cm lang

DIE HÖLZER VERBINDEN

1 Sägen Sie die Hölzer (z. B. Äste) zu. Sie sollten gerade und gleichmäßig sein.

2 Schneiden Sie etwa 1 m vom Seil ab und befestigen Sie es 10 cm vom Rand entfernt mit einem Kreuzknoten an einem der Querträger.

3 Befestigen Sie 10 cm darunter einen der Äste. Führen Sie das Seil 5 cm vom Rand entfernt ein Mal um das Holz und setzen Sie einen Knoten.

4 Befestigen Sie auf diese Weise 3 cm unter dem ersten Ast einen zweiten.

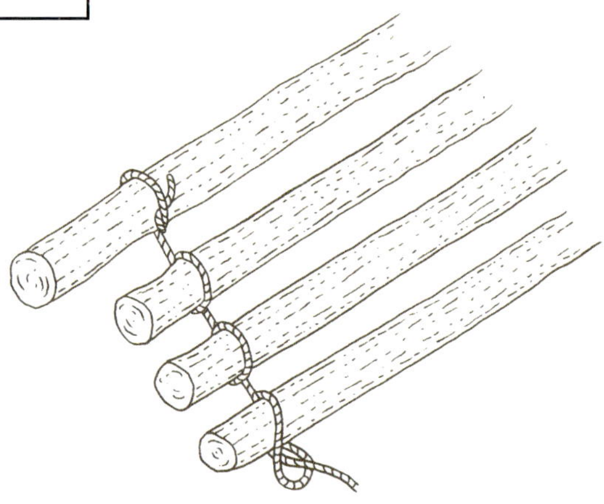

5 Verknüpfen Sie einen Ast unter dem anderen, bis das Seil zu Ende ist, und knüpfen Sie einen Kreuzknoten.

6 Befestigen Sie ein weiteres Seilstück von 1 m länge auf der anderen Seite des Querträgers (10 cm) und verknüpfen Sie die andere Seite der Hölzer (5 cm). Die erste Hälfte der Matte ist nun fertig.

7 Schneiden Sie zwei weitere Seilstücke von etwa 1 m ab und fahren Sie fort, die Äste zu verknüpfen. Achten Sie dabei auf regelmäßige Abstände.

8 Wenn Sie alle Hölzer verknüpft und nun eine lange Matte haben, können Sie den zweiten, unteren Querträger auf dieselbe Art befestigen wie den ersten, oberen.

DIE GABELN ZU EINEM V VERBINDEN UND DEN SESSEL AUFHÄNGEN

1 Legen Sie die gegabelten Stangen nebeneinander und verbinden Sie sie 10 cm vom unteren Stangenende entfernt mit dem Seil, das Sie fünf bis sechs Mal um die Stangen, dann straff mehrmals über Kreuz und schließlich noch ein, zwei Mal um die Stangen herumführen, bevor Sie einen Kreuzknoten knüpfen.

2 Führen Sie ein dickes Seil von beiden Seiten um den oberen Querträger (auf der Höhe der Knoten) und setzen Sie einen festen Knoten.

3 Hängen Sie die entstandene Schlaufe in etwa zwei Metern Höhe an die Astgabel eines Baumes.

TIPPS UND TRICKS

Halten Sie einen Abstand von maximal 3 cm zwischen den Hölzern ein. Wenn Sie den Sessel aufgehängt haben und sich hineinsetzen, wird das Seil nachgeben und die Abstände 5 cm betragen.

Verwenden Sie ein robustes Seil und hängen Sie den Sessel nicht an einem morschen Ast auf. Wählen Sie auch Ihre Astgabeln sorgfältig aus, schließlich sollen sie Ihr Gewicht tragen! Alternativ können Sie den Unterbau der Gabelbank verwenden (siehe S. 71).

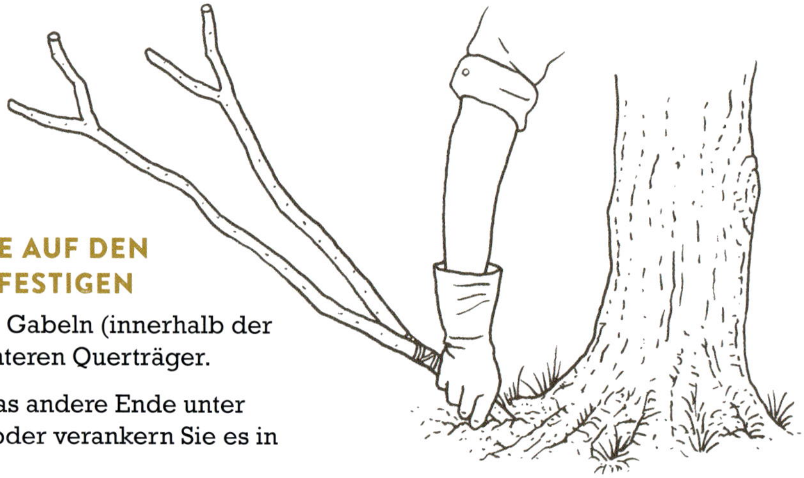

DIE SITZFLÄCHE AUF DEN ASTGABELN BEFESTIGEN

1 Schieben Sie die Gabeln (innerhalb der Knoten) auf den unteren Querträger.

2 Verkanten Sie das andere Ende unter eine Baumwurzel oder verankern Sie es in der Erde.

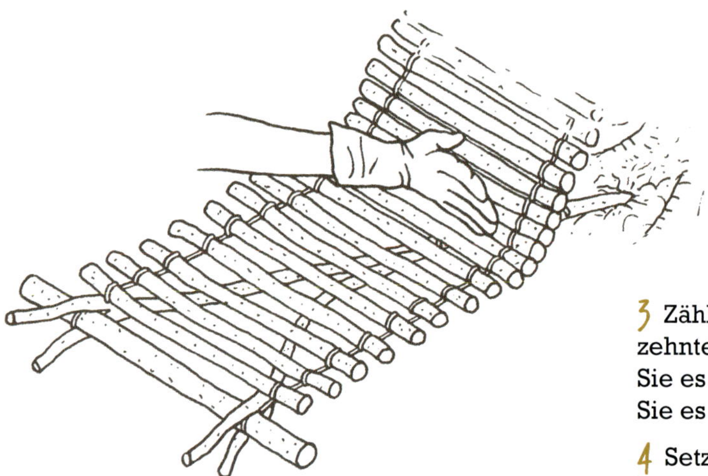

3 Zählen Sie an der Matte das zehnte Holz von unten ab, schieben Sie es nach hinten und befestigen Sie es sorgfältig im V der Gabeln.

4 Setzen Sie sich. Stellen Sie gegebenenfalls die Höhe ein, indem Sie das Seil oben verkürzen oder verlängern.

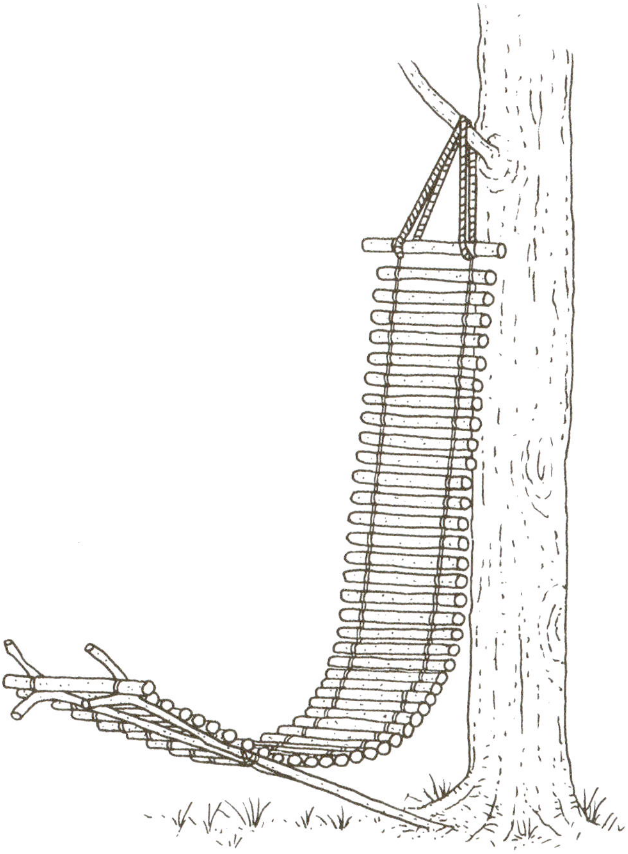

TIPPS UND TRICKS

Wenn Sie nicht zu bepackt sind und Ihnen Ihr Sessel gut gelungen ist, **nehmen Sie ihn mit** – eingerollt wiegt er etwa 4 kg. Lassen Sie jedoch die Gabeln liegen, sie lassen sich leicht ersetzen.

ABWANDLUNGEN

Gartenversion
Verwenden Sie in diesem Fall Rundhölzer mit einem Durchmesser von 20 mm, zum Beispiel aus Buche, die Sie mit einer Gehrungslade auf eine Länge von 40 cm zuschneiden. Kerben Sie jeweils 5 cm von den Rändern der Hölzer entfernt eine schmale Rille ein, um das Seil besser befestigen zu können.

SCHWIERIGKEIT

GABELBANK

Beim Tischlern werden Querträger und Pfosten mit einem Zapfen und einer Nut verbunden. Im Wald findet sich jedoch eine ganz einfache Lösung: Die Astgabel, die zur perfekten Nut wird. Vier gegabelte Pfosten, die die gesamte Konstruktion stützen, sind das Geheimnis dieser Bank. Da die Gabeln tief in die Erde geschlagen werden, ist die Bank auch ideal für den Garten geeignet und wird Ihnen dort für lange Zeit gute Dienste leisten.

HILFSMITTEL

- Säge
- Messer
- dünnes Seil
- Hammer oder Vorschlaghammer (optional)

BAUMATERIAL

Stangen mit Ø 40 mm:

- 2 gegabelte Pfosten (vorne), 1 m lang
- 2 gegabelte Pfosten (hinten), 1,70 m lang
- 2 Querträger für die Bank, 50 cm lang

Stangen mit Ø 30 mm:

- 10–12 lange Querträger, 1,70 m lang

HINWEISE

Beim Einschlagen der Pfosten müssen Sie die Höhe der Sitzbank beachten, die 45 cm betragen sollte. Die 1,70 m langen Querträger bieten ausreichend Platz für zwei bis drei Personen. Wenn Sie möchten, können Sie die Höhe der hinteren Pfosten (Lehne) entsprechend anpassen.

DIE GABELN VORBEREITEN

1 Schneiden Sie die Gabeln zu. Alle vier V sollten sich auf einer Höhe von etwa 70 cm befinden. Schneiden Sie die äußeren Äste der hinteren Gabeln auf 15–20 cm herunter und die inneren Äste auf eine Höhe von 1 m.

2 Spitzen Sie die Pfosten unten an (siehe S. 35).

3 Bestimmen Sie die Entfernung der Pfosten zueinander. Sie sollten in der Breite 1,40 m und in der Tiefe 35 cm voneinander entfernt stehen.

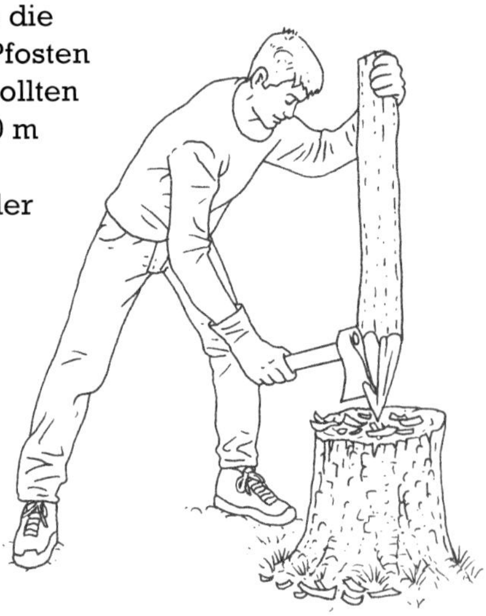

DEN UNTERBAU HERSTELLEN

1 Schlagen Sie die vier Pfosten etwa 30 cm und so gerade wie möglich mit einem Holzklotz, einem Hammer oder (im Garten) mit einem Vorschlaghammer in den Boden. Die gekürzten Äste der Gabeln der hinteren Pfosten sollten nach außen zeigen.

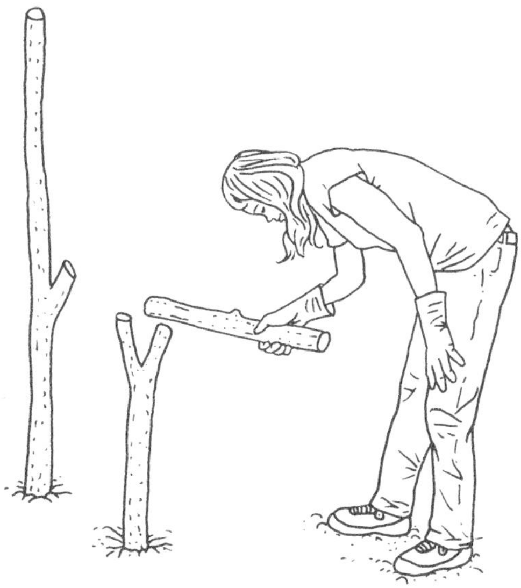

TIPPS UND TRICKS

Bauen Sie diese Bank auf einer möglichst geraden Fläche. Falls diese steinig sein sollte und sich die Pfosten nur schwer einschlagen lassen, können Sie Löcher mit einem Klappspaten graben und die Pfosten mit Steinen und Erde blockieren.

Für mehr Komfort: Nehmen Sie lange, gleichmäßige Stangen und entfernen Sie kleine Unebenheiten mit dem Messer. Wenn die Bank nur einige Tage halten soll, ist es nicht zwingend erforderlich, die langen Querträger festzubinden.

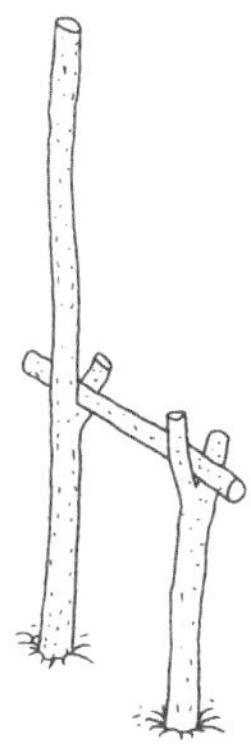

2 Legen Sie die beiden kurzen Querträger für die Sitzfläche auf die Gabeln.

3 Legen Sie einen langen Querträger gerade auf die kurzen Querträger und richten Sie ihn horizontal aus, indem Sie, falls nötig, einzelne Pfosten ein wenig mehr einschlagen.

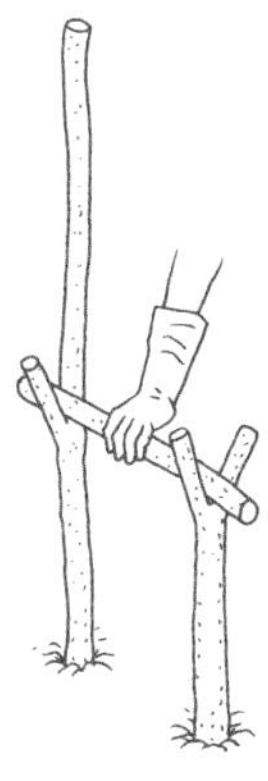

DIE QUERTRÄGER ANBRINGEN

1 Legen Sie die restlichen Querträger für die Sitzfläche nebeneinander auf die kurzen Querträger. Befestigen Sie jede Stange mit dem Seil.

2 Bringen Sie anschließend vier Querträger für die Rückenlehne an, den untersten wenige Zentimeter über der Sitzfläche und die anderen mit einem Abstand von je etwa 15 cm. Befestigen Sie sie jeweils mit einem Kreuzbund (siehe S. 28).

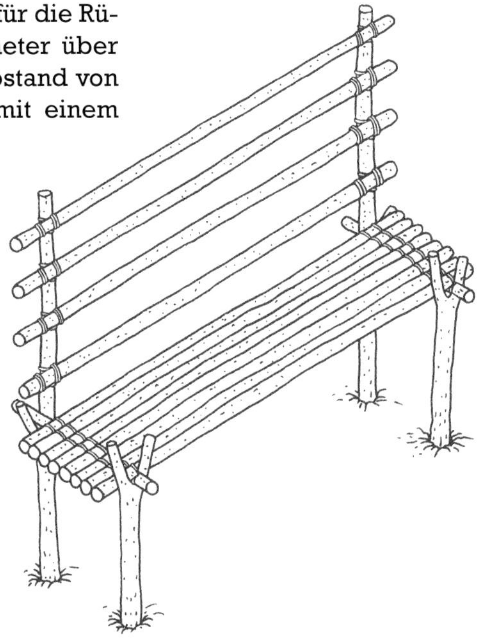

ABWANDLUNGEN

Die Rückenlehne neigen
Diese Bank hat eine gerade Rückenlehne – was bei einem Tisch Sinn macht, an dem man essen möchte. Ist die Bank jedoch eher zum Ausruhen gedacht, können Sie auch eine Version mit geneigter Rückenlehne bauen, indem Sie die hinteren Pfosten schräg einschlagen. Die Neigung sollte allerdings nicht mehr als 15 Grad betragen.

Armlehnen hinzufügen
Falls Sie die Bank mit Armlehnen ausstatten möchten, können Sie vorne 20 cm längere Pfosten verwenden (oder die Gabeln entsprechend zuschneiden) und auf jeder Seite einen Querträger etwa 20 cm über der Sitzfläche befestigen. Sie können nach diesem Prinzip auch ganz einfach einen Stuhl oder Sessel bauen und die Bank entsprechend in der Länge verkürzen.

Bushcraft-Bänke sind zwar einfach, aber sehr willkommen, wenn man sich ausruhen und entspannen möchte, vor allem bei nassem Boden ▶

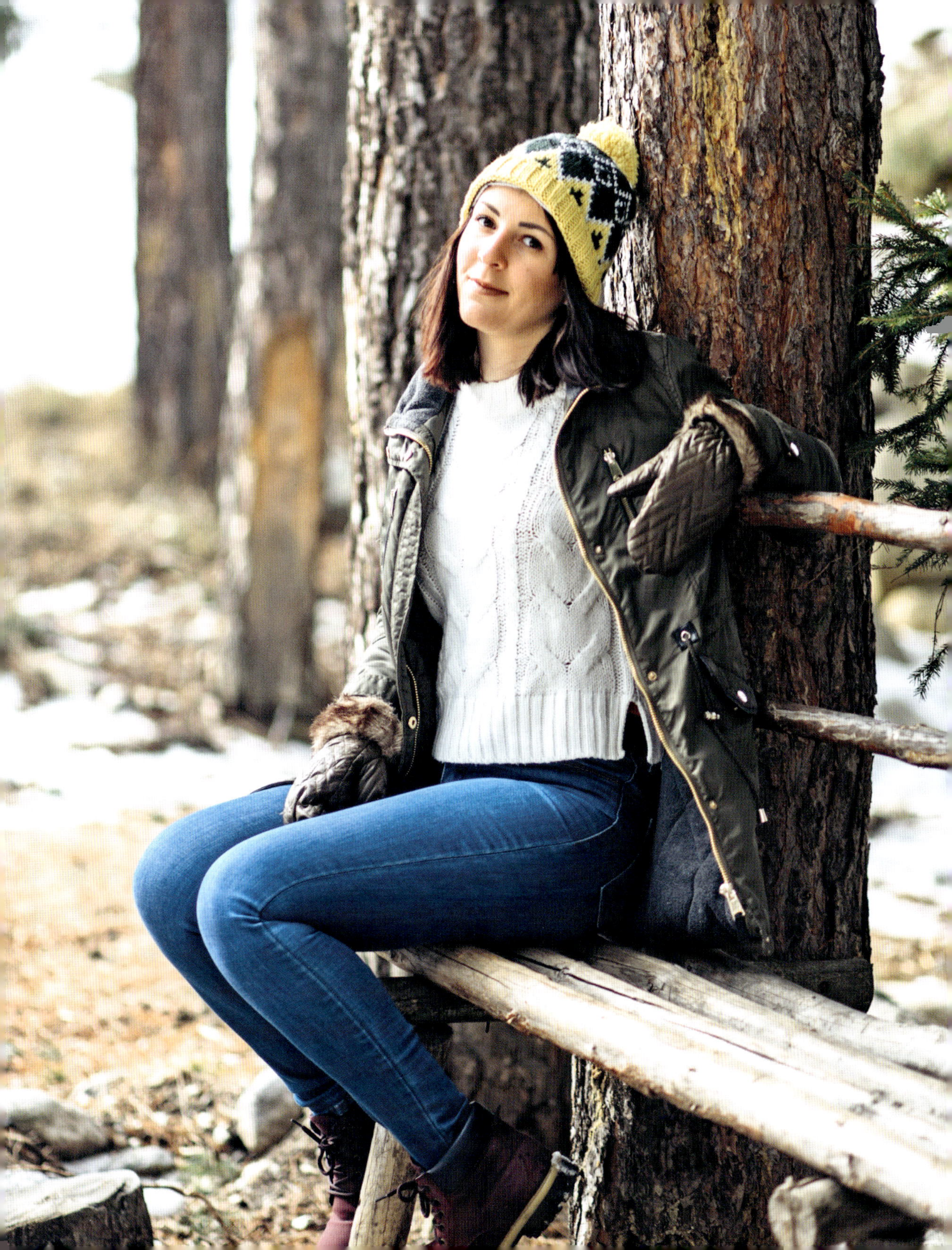

SCHWIERIGKEIT

TISCH „TIPI“

Drei Stangen, die an ihren Enden verbunden werden, ergeben ein stabiles Tipi, das man anschließend um weitere Stangen ergänzen und mit Häuten oder Baumrinden auskleiden kann. In diesem Fall dient die Struktur als Basis für einen hohen Tisch, der sich wunderbar zum Essen, Trinken und Basteln oder als Ablage für Rucksäcke und Equipment eignet – oder im Garten zum Aufstellen von Topfpflanzen oder Anzuchtschalen. Die Tischplatte ist dreieckig und wird geflochten, was sie besonders macht. Das Flechten geht schnell und ergibt eine gerade, gleichmäßige Oberfläche.

HILFSMITTEL

- Messer
- Säge
- Schnur

BAUMATERIAL

Stangen mit Ø 40 mm:
- 3 Pfosten, 2,20 m lang
- 3 Querträger, 1 m lang

DAS DREIBEIN AUFSTELLEN

1 Legen Sie die drei Pfosten nebeneinander und verbinden Sie sie etwa 20 cm vom oberen Ende entfernt mit einem Dreibeinbund (siehe S. 27).

2 Stellen Sie das Dreibein möglichst breit auf. Prüfen Sie die Stabilität.

DIE QUERTRÄGER ANBRINGEN

1 Befestigen Sie einen der Querträger an zwei Pfosten, auf einer Höhe von 85–90 cm und mit je einem Kreuzbund (siehe S. 28).

2 Verfahren Sie mit den anderen beiden Querträgern ebenso.

DIE TISCHPLATTE FLECHTEN

1 Befestigen Sie die Schnur 10 cm von einem der Pfosten entfernt mit einem Kreutzknoten an einem der Querträger.

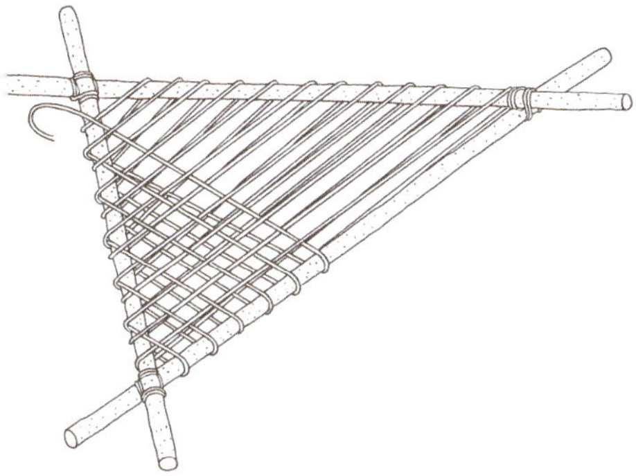

2 Führen Sie die Schnur parallel zum dritten Querträger, zum gegenüberliegenden Querträger und unter diesen hindurch.

3 Führen Sie die Schnur wieder zurück zum ersten Querträger, wieder unten hindurch und zurück zum zweiten und so weiter – halten Sie zwischen den einzelnen „Kettfäden“ einen Abstand von 5 cm.

4 Spannen Sie die Schnur, führen Sie sie zur Sicherheit ab und zu ein Mal komplett um das Holz und setzen Sie einen Knoten.

5 Schließen Sie mit einem Kreuzknoten ab.

6 Beginnen Sie nun am dritten Querträger mit einer zweiten Schicht, indem Sie die Schnur alternierend quer unter und über die Kettfäden führen.

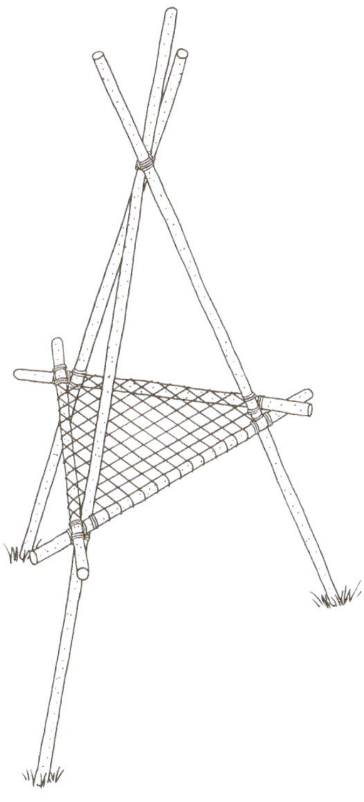

ABWANDLUNG

Wenn Sie die Querträger etwas tiefer ansetzen, etwa auf einer Höhe von 75 cm, erhalten Sie einen herkömmlichen Tisch, an den Sie sich setzen können. Sie können nun drei weitere Querträger auf einer Höhe von etwa 45 cm anbringen, die Ihnen als sehr einfache, aber praktische Sitzbänke dienen werden.

SCHWIERIGKEIT

MINUTENBANK

Diese Bank basiert auf dem Prinzip der „Totholzhecke", einer Einzäunung, die aus zwei Reihen parallel in den Boden geschlagener Pfähle besteht, zwischen die tote Äste, Zweige und Wurzeln geschichtet werden. Bei dieser Bankversion werden die Pfosten so eingeschlagen, dass man Rundhölzer aufstapeln und auf der richtigen Höhe eine Sitzfläche anbringen kann. Schlicht und einfach also. Es wird nichts zugeschnitten, geschnürt oder geknotet, die Bank sieht gut aus, ist stabil, hält ewig und macht sich genauso gut entlang eines Waldweges wie in einem Garten.

HILFSMITTEL

- Säge
- Messer
- Hammer (optional)
- Beil (optional)

BAUMATERIAL

Stangen mit Ø 40– 50 mm:
- 8 Pfähle, mind. 1 m lang
- 1–10 Querträger (Sitzfläche), 1,60 m lang

Stangen mit Ø 10 cm:
- 2 Querträger (Abstandshalter), 1,60 m lang

Rundhölzer mit Ø 15 cm:
- 6 Rundhölzer für die Pfosten und Armlehnen, 50 cm lang

DIE PFÄHLE EINSCHLAGEN

1 Spitzen Sie die Pfähle mit dem Messer oder Beil an (siehe S. 35).

2 Legen Sie zwei der Rundhölzer parallel und mit einem Abstand von 1,40 m auf den Boden (Achsabstand).

3 Schlagen Sie den ersten Pfahl mit einem Stück Holz oder einem Hammer ein.

4 Schlagen Sie die restlichen sieben Pfähle ein.

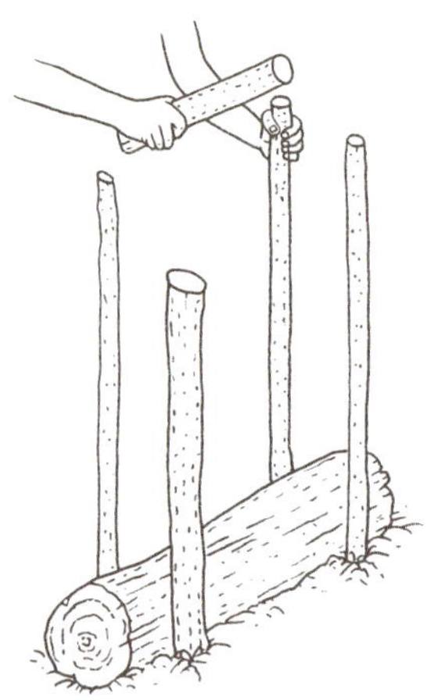

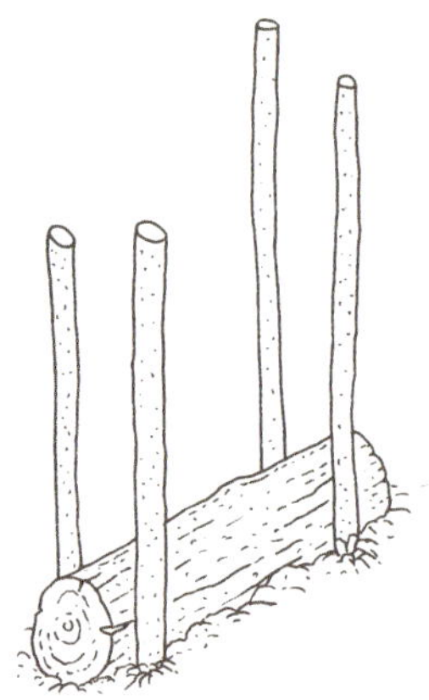

DIE PFOSTEN, DIE SITZFLÄCHE UND DIE ARMLEHNEN ANBRINGEN

1 Platzieren Sie die beiden Querträger (Abstandshalter) innerhalb der Pfähle auf den Rundhölzern.

2 Legen Sie auf jeder Seite ein Rundholz auf die Querträger.

3 Legen Sie die Querträger für die Sitzfläche auf.

4 Legen Sie als Armlehnen auf jede Seite ein weiteres Rundholz auf.

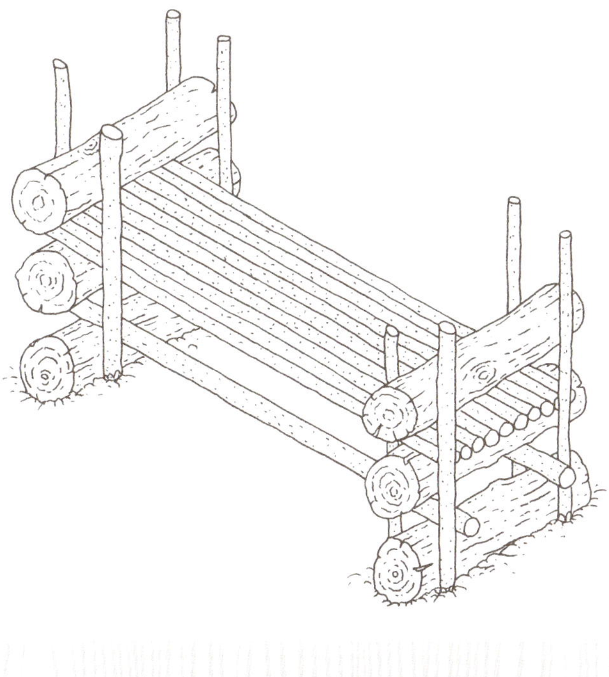

TIPPS UND TRICKS

Wenn Sie möchten, dass die Bank lange hält, sollten Sie witterungsbeständiges Holz verwenden, wie Robinie (auch oft Akazie genannt), Kastanie oder, wenn auch seltener, Eiche.

Die Pfähle halten nicht sehr viel seitlichen Druck aus. Schlagen Sie sie daher mindestens 20 cm in den Boden.

Lassen Sie nicht die Abstandshalter-Querträger weg. Sie sorgen dafür, dass die Sitzfläche 45 cm hoch ist, was bei Sitzbänken der Norm entspricht. Je nach Durchmesser können Sie auch mehr oder weniger Rundhölzer aufschichten.

Rundhölzer finden sich überall im Wald, besonders dort, wo gefällt wurde. Falls nicht, können Sie herumliegendes Totholz selbst zusägen oder Äste zwischen die Pfähle schichten und so eine Struktur herstellen, die stabil und hoch genug für die Sitzfläche Ihrer Bank ist. Armlehnen sind in diesem Fall natürlich optional.

ABWANDLUNGEN

Eine Rückenlehne hinzufügen
Falls Sie sich anlehnen möchten, können Sie die Bank ganz einfach mit einer Rückenlehne ausstatten. Hierfür brauchen Sie allerdings ein Seil. Schlagen Sie zwei mindestens 1,5 m hohe Pfähle auf einer Seite der Bank in den Boden, schneiden Sie zwei, drei Stangen auf die Länge der Sitzfläche zu und befestigen Sie sie an den Pfählen.

Von der Bank zum Bett, vom Bett zum Tisch ...
Finden Sie nicht auch, dass die Bank ein wenig an ein Bett erinnert? Und die Rundhölzer an Kopfkissenrollen? Damit jedoch aus der Bank ein gemütliches Bett wird, sollte sie breit genug sein, also mindestens 60 cm, und mindestens so lang, wie Sie groß sind. Sollten Sie sehr groß sein, macht es Sinn, die Bank zu verstärken, indem Sie ein weiteres Rundholz unter der Sitzfläche anbringen. Eine Schicht weiches Laub oder eine Isomatte sorgen für zusätzlichen Komfort und für einen Tisch reicht es völlig aus, die Sitzfläche auf 70–80 cm zu erhöhen. Verwenden Sie hierfür höhere Pfähle, die sie tief einschlagen, und stapeln Sie je nach Durchmesser mehr Rundhölzer auf.

Eine Bankvariante ohne Pfosten, bei der die Querträger eingeschnitten werden, damit sie auf den Rundhölzern halten ▶

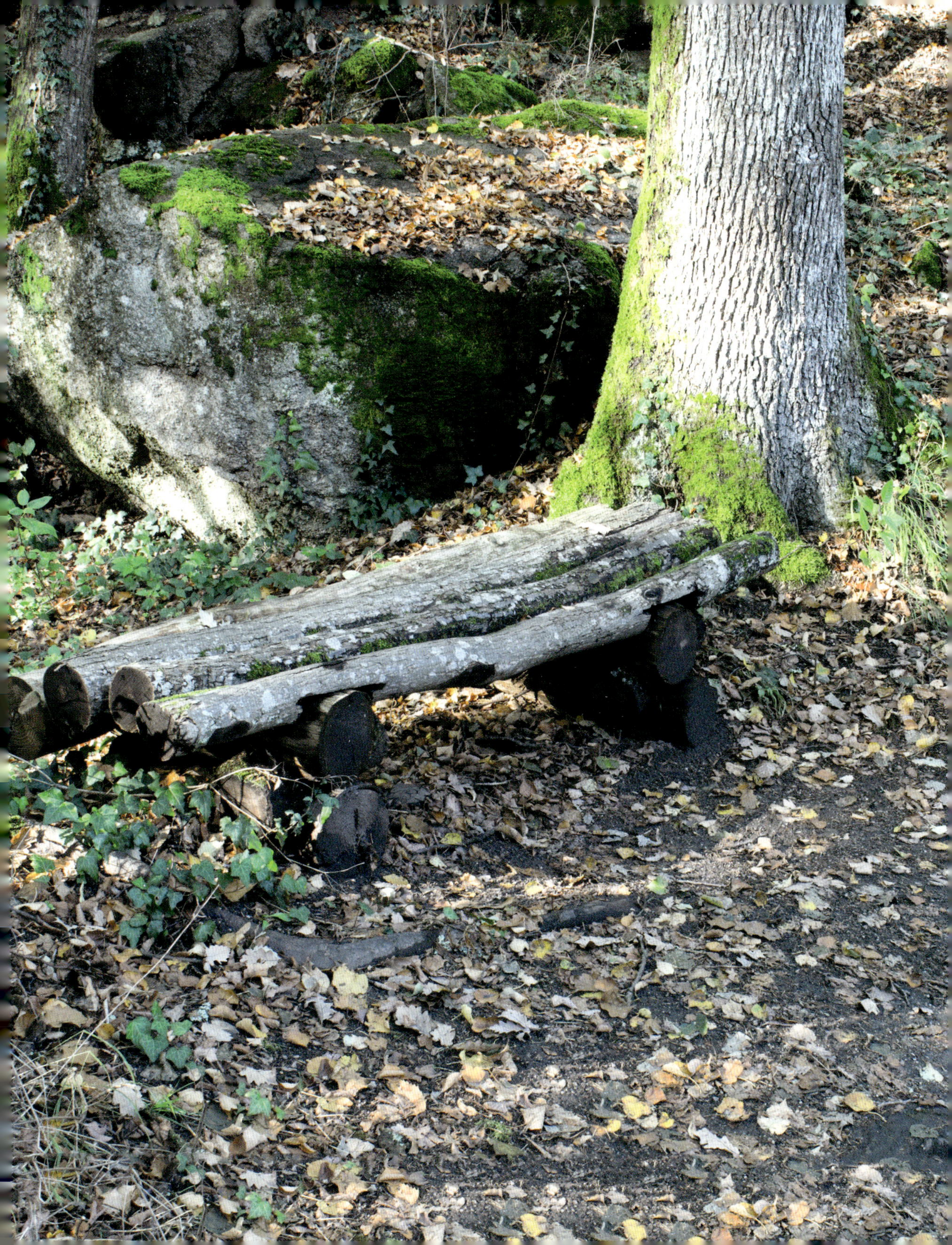

SCHWIERIGKEIT

TOILETTENTISCH

Eine gründliche Rasur und ein sauberes Gesicht sind auch im Wald wichtig. Wenn gerade kein Wasserfall in der Nähe ist, sollte man sich dennoch bequem waschen können und zwar im Stehen an einem Waschbecken – oder wie hier an einer Waschschüssel, die man nicht umstoßen kann und die genug Platz für das Reisenecessaire bietet. Bauen Sie hierfür dieses nützliche Möbelstück, das jahrhundertelang ein Badezimmer ersetzt hat: den Toilettentisch.

HILFSMITTEL

- Säge
- Messer
- dünnes Seil

BAUMATERIAL

Stangen mit Ø 30 mm:

- 2 Pfosten (vorne), 90 cm lang (A)
- 2 Pfosten (hinten), 1,70 m lang (B)
- 1 vorderer Querträger (unten), 60 cm lang (C)
- 2 lange Querträger, 1,50 m lang (D)
- 10–14 Stangen für die Auflage, 50 cm lang (E)
- 2 hohe Querträger (Rücken), 60 cm lang (F)

DAS GESTELL AUFBAUEN

1 Verbinden Sie mit je einem Kreuzbund auf einer Höhe von 40 cm die beiden vorderen Pfosten (A) mit dem vorderen Querträger (C).

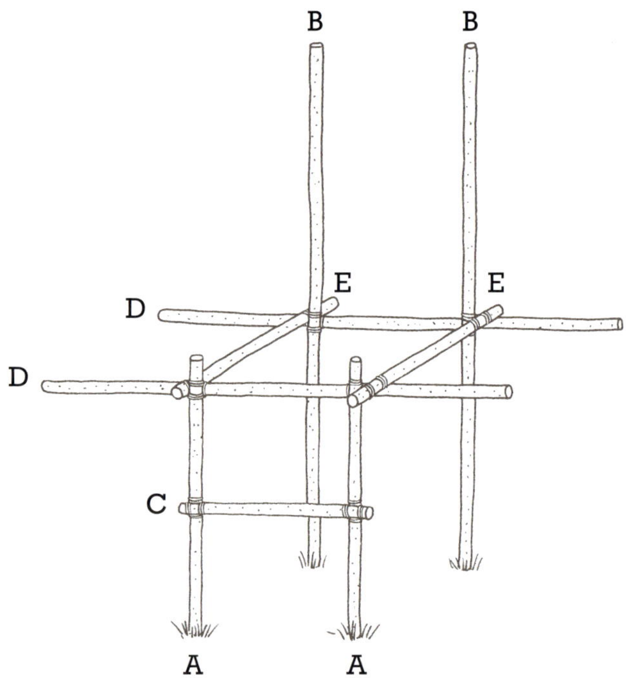

2 Bringen Sie 10 cm vom oberen Ende der vorderen Pfosten entfernt einen der langen Querträger (D) an. Achten Sie darauf, dass er hinter den Pfosten angebunden wird.

3 Bringen Sie den anderen langen Querträger (D) auf einer Höhe von 80 cm an den beiden hinteren Pfosten (B) an.

4 Verbinden Sie die vorderen Pfosten (A) und die hinteren Pfosten (B) mit zwei Stangen für die Auflage (E), die Sie von außen auf die langen Querträger (D) legen.

DAS RÜCKTEIL UND DIE AUFLAGE ANBRINGEN

1 Bringen Sie die beiden hohen Querträger (F) an.

2 Bringen Sie die restlichen Stangen für die Auflage des Waschtisches an – die inneren Stangen müssen so angebracht werden, dass sie die Waschschüssel am Rand halten können.

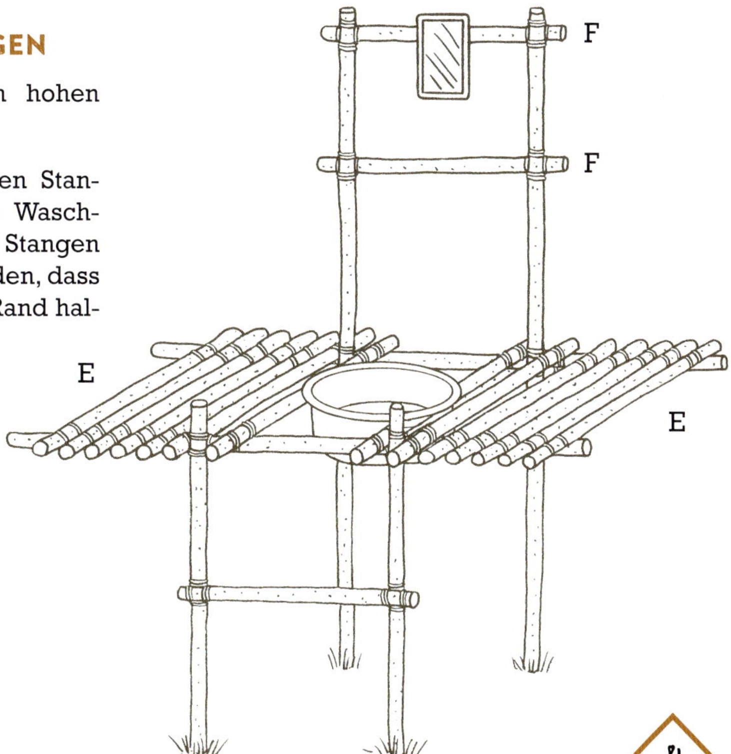

ABWANDLUNGEN

Das „Rückteil“
Es eignet sich zum Anbringen eines Spiegels, der hoch genug sein sollte, dass Sie sich beim Frisieren nicht bücken müssen.

Die Ablageflächen des Waschtisches
Da die Querträger einzeln befestigt werden und somit Spalten aufweisen, können Sie sowohl Handtücher zum Trocknen aufhängen als auch ihren Kulturbeutel oder andere Dinge abstellen. Wenn Sie keine Lücken zwischen den Querträgern wünschen, können Sie alternativ zwei Matten knüpfen (siehe Technik S. 50).

Mit einer durchgehenden Ablage
Und schon wird der Toilettentisch zur Arbeitsfläche für die Küche, zu einem erhöhten Tisch oder sogar zu einer Bar. Vertärken Sie die Konstruktion, indem Sie mit zusätzlichen Querträgern arbeiten oder sie an einen Baum anlehnen.

Ein Waschtisch kann trotz Wasser in der Nähe praktisch sein und manchmal ist es auch einfach schön, wenn man warmes Wasser in die Waschschüssel füllen kann ▶

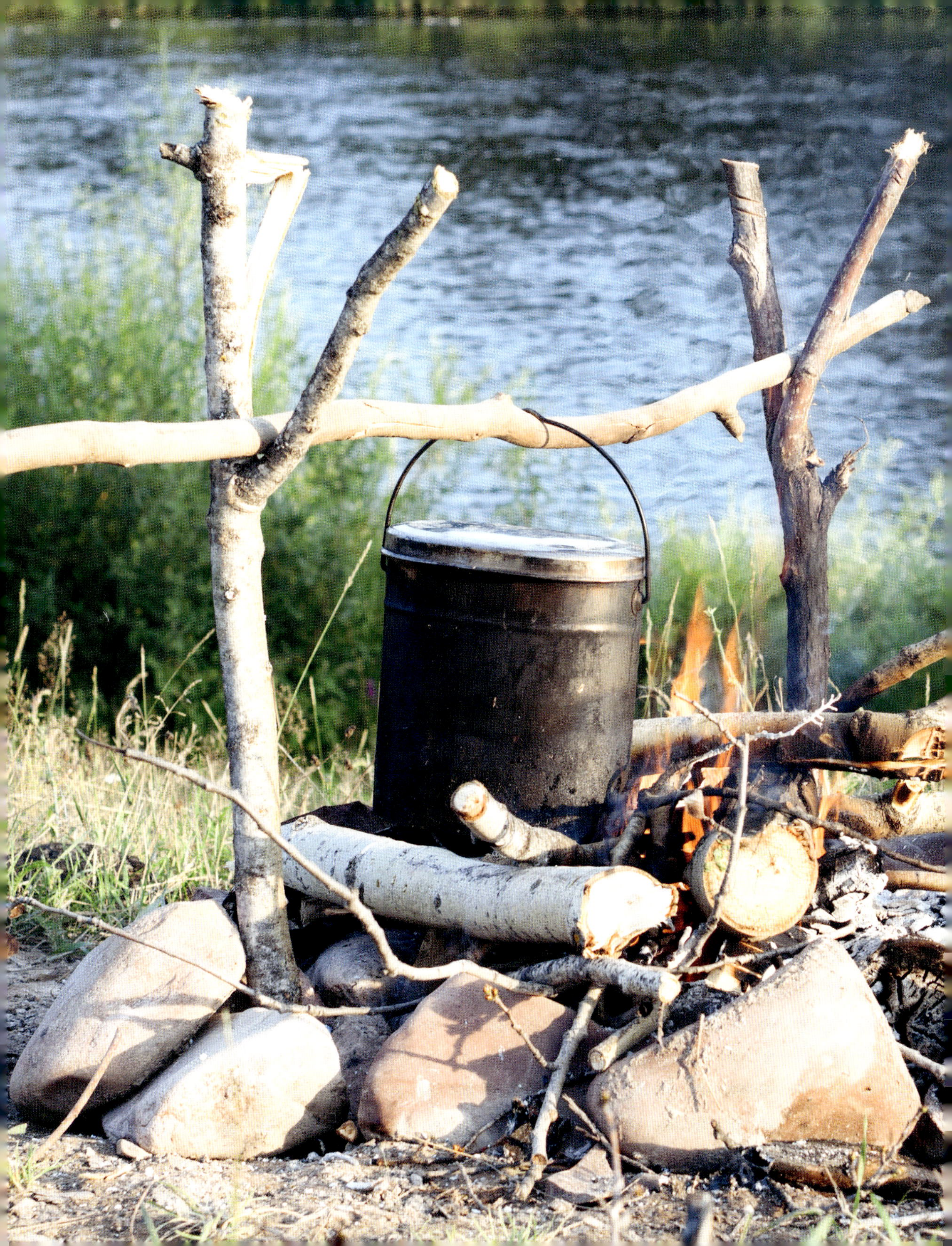

SCHWIERIGKEIT

STUHL AUS ZWEI DREIECKEN

Dreiecke bedeuten Stabilität – wie man an den Pyramiden in Ägypten und ähnlichen Gebäuden sehen kann. Und genau deswegen besteht dieser Stuhl aus zwei Dreiecken, einer Lehne und einem hinteren Fuß. Dieser robuste und langlebige Sitz lässt sich leicht auseinanderbauen und ist ein wunderbar unkompliziertes Möbel.

HILFSMITTEL

- Beil
- Säge
- Messer
- dünnes Seil

BAUMATERIAL

Stangen mit Ø 60 mm:
- 4 für Füße und Lehne, 1 m lang

Stangen mit Ø 40–50 mm:
- 3 Querträger, 60 cm lang

Bretter von 60 cm für die Sitzfläche:
- 4 Kiefernbretter, 60 x 8 x 3 cm

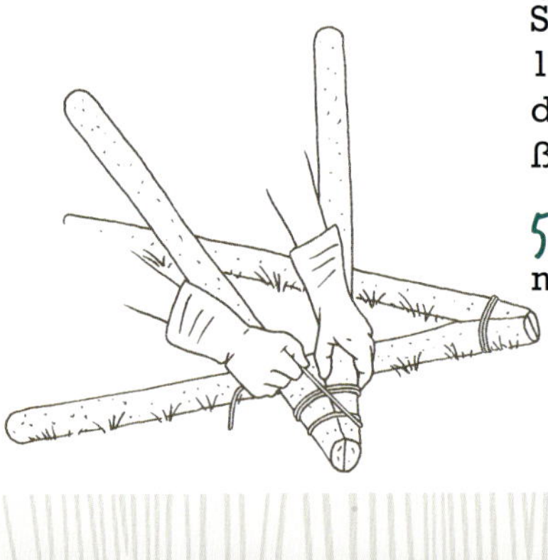

DIE DREIECKE ZUSAMMENSETZEN

1 Schrägen Sie zwei der 1 m langen Stangen mit dem Beil unten an. Gehen Sie vor wie beim Anspitzen eines Pfahls (siehe S. 35), schlagen Sie aber nur eine Kante heraus.

2 Legen Sie die beiden Stangen an den Schnittkanten zusammen, sodass sich ein V mit einem Winkel von 30–35 Grad ergibt. Bessern Sie gegebenenfalls mit dem Beil nach.

3 Legen Sie das V auf den Boden und kerben Sie mit dem Messer direkt unterhalb der „Spitze" eine Rille und 10 cm unterhalb dieser eine weitere ein.

4 Legen Sie das Seil in die Rillen und beginnen Sie mit einem Webeleinenstek, lassen Sie ein 15 cm langes loses Ende überstehen, führen Sie das Seil mehrmals straff um das Holz und schließen Sie mit einem Kreuzknoten ab (siehe S. 24).

5 Bauen Sie ein identisches zweites Dreieck, das nur an einer oberen Rille fixiert wird.

DEN UNTEREN QUERTRÄGER ANBRINGEN

1 Legen Sie den ersten (unteren) Querträger 15 cm von den Enden entfernt auf das erste V und markieren Sie seine Position auf den Stangen.

2 Nehmen Sie auf beiden Stangen jeweils einen 20 mm tiefen Einschnitt vor (siehe Technik S. 44).

3 Nehmen Sie entsprechend formschlüssige Einschnitte auf dem Querträger vor.

4 Setzen Sie den Querträger in das V ein und fixieren Sie ihn jeweils mit einem Kreuzbund (siehe S. 28).

5 Wiederholen Sie dies mit dem zweiten V.

DEN OBEREN QUERTRÄGER ANBRINGEN

1 Stellen Sie das zweite V kopfüber hinter den unteren Querträger des ersten V, um die Position des zweiten Querträgers zu bestimmen, der entsprechend auf der „Rückseite" des ersten V eingesetzt wird (vgl. Abb. S. 86).

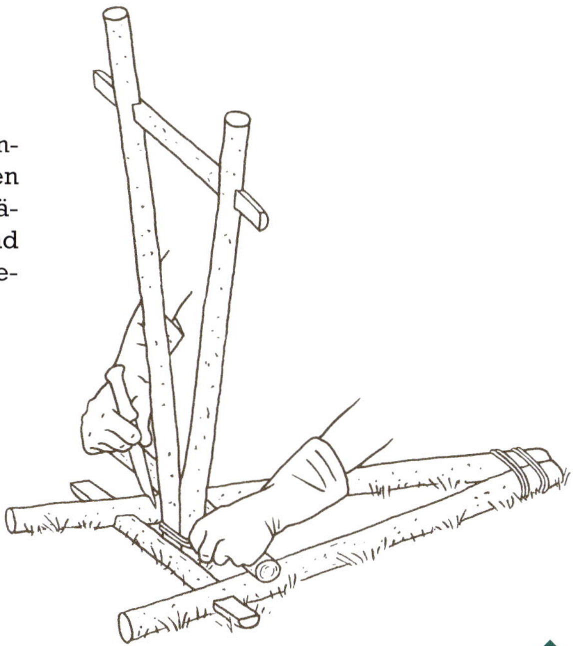

2 Markieren Sie wie zuvor die Position des Querträgers auf den Stangen und nehmen Sie die Einschnitte vor (auf dem V und dem Querträger).

3 Setzen Sie den Querträger ein und fixieren Sie ihn auf beiden Seiten mit einem Kreuzbund.

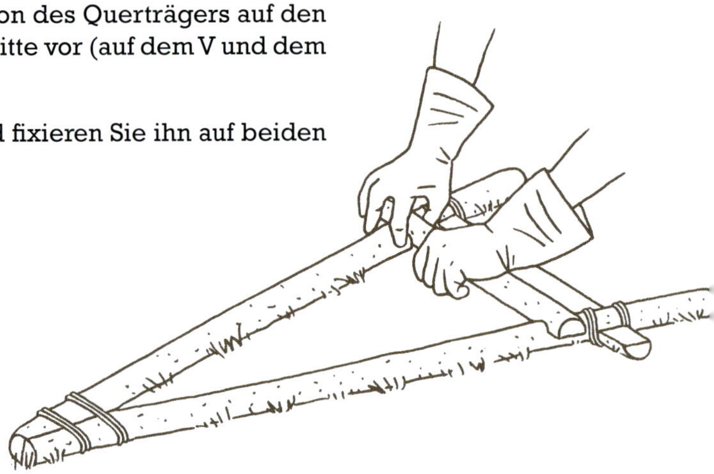

DEN STUHL FERTIGSTELLEN

1 Schieben Sie die Spitze des zweiten V so weit wie möglich zwischen die beiden Querträger.

2 Stellen Sie den Stuhl auf, um die Kiefernbretter für die Sitzfläche anzubringen. Legen Sie sie mit einem Abstand von 3 cm auf das zweite V, sägen Sie sie auf die entsprechende Länge zu und fixieren Sie jedes Brett mit dem Seil an den Stangen.

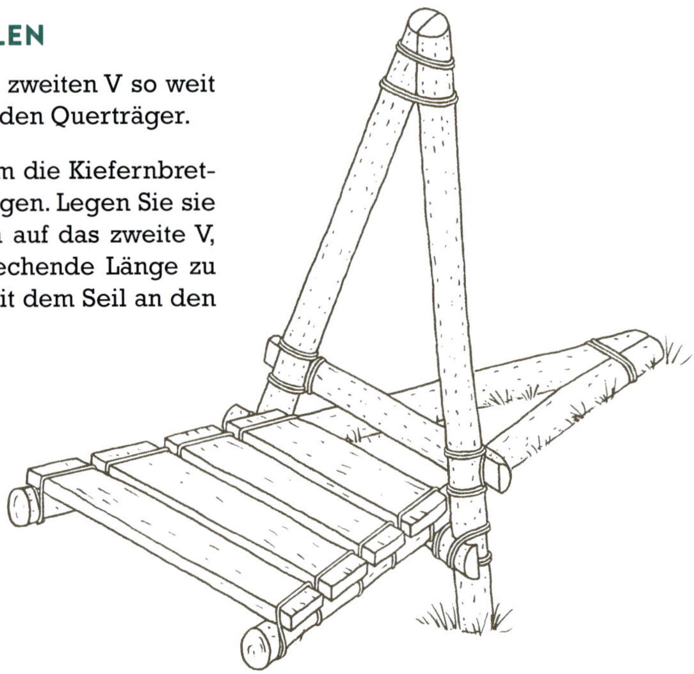

ABWANDLUNG

Eine gemütliche Lehne
Für einen Gartenstuhl können Sie für zusätzlichen Komfort sorgen, indem Sie einige Bretter auf Maß sägen und sie entweder mit dem Seil an der Lehne befestigen oder, der Einfachheit halber, festnageln oder -schrauben.

VARIANTE

Wenn Sie keine Zeit für Holzverbindungen haben, können Sie die Querträger auch mit einem Seil befestigen – aber ordentlich, da starke Kräfte auf sie wirken. Ebenso können Sie eine dritte Stange hinzufügen, die die Lehne stützt, und aus dem V ein Dreibein machen.

TIPPS UND TRICKS

Ist das zweite (liegende) **V nicht weit genug geöffnet,** können Sie vorsichtig einen Holzkeil von innen in die Spitze schlagen.

Und unter uns gesagt … Setzen sie sich lieber nicht auf den Rand, da der Sitz sonst nach vorn kippen und Sie auf Ihren vier Buchstaben landen könnten. Setzen Sie sich ruhig tief in den Sitz und lehnen Sie sich an: es ist sehr gemütlich!

SCHWIERIGKEIT

BERGBANK

Für eine Bank mit vier Füßen benötigt man eine ebene Fläche. Fällt das Gelände jedoch ab, sollte man eine Bank konstruieren, die sich natürlich an den Hang – oder die Böschung – anlehnt. Auf diese Weise spart man auf einen Schlag zwei Beine ein und erleichtert sich die Arbeit. Diese Bergbank ist schlicht, bequem und kann an jede Neigung angepasst werden, wobei Eckverbindungen für zusätzliche Stabilität sorgen. Sie macht aber auch in abschüssigen Gärten eine gute Figur.

HILFSMITTEL

- Säge
- Hammer
- Messer
- dünnes Seil
- Edelstahlnägel mit flachem Kopf, 40 mm
- Edelstahlnägel mit flachem Kopf, 80 mm

BAUMATERIAL

Stangen mit Ø 50 mm:

- 2 Pfosten, 45 cm lang
- 2 Querträger, Länge je nach Neigungswinkel
- 2 Pfosten für die Lehne, Länge je nach Neigungswinkel
- 6–8 Querträger für die Sitzfläche, 1,50 m lang
- 3 Querträger für die Lehne, 1,50 m lang

DIE PFOSTEN UND QUERTRÄGER ZUSAMMENSETZEN

1 Nehmen Sie an beiden Pfosten einen Einschnitt vor (siehe Eckverbindungen S. 44) und drehen Sie sie nach innen.

2 Halten Sie einen der Querträger an einen der Einschnitte und positionieren Sie beide Elemente am Hang. Richten Sie den Querträger mit einer Neigung von 10–15 Grad aus, damit die Bank bequem ist. Bestimmen Sie die Länge des Querträgers und sägen Sie ihn entsprechend zu. Stellen Sie auf diese Weise beide Füße der Bank her.

3 Nehmen Sie an beiden Querträgern einen Einschnitt vor.

4 Verbinden Sie die Querträger mit den Pfosten, kontrollieren Sie die rechten Winkel und verstärken Sie die Eckverbindungen mit 2–3 Nägeln.

DIE QUERTRÄGER FÜR DIE SITZFLÄCHE ANBRINGEN

1 Stellen Sie die Füße mit einem Abstand von 1,10 m am Hang auf.

2 Bringen Sie den ersten Querträger für die Sitzfläche an (2–3 cm von der Eckverbindung entfernt) und schlagen Sie auf beiden Seiten einen 80 cm langen Nagel ein.

3 Machen Sie dasselbe mit den restlichen Querträgern. Die Sitzfläche sollte 35–40 cm breit sein.

DIE LEHNE UND QUERTRÄGER ANBRINGEN

1 Ermitteln Sie die Länge der Pfosten für die Lehne. Sie sollten die Sitzfläche um 60 cm überragen und 30 cm tief in den Boden geschlagen werden. Sägen Sie sie entsprechend zu.

2 Spitzen Sie die beiden Pfosten an (siehe S. 35).

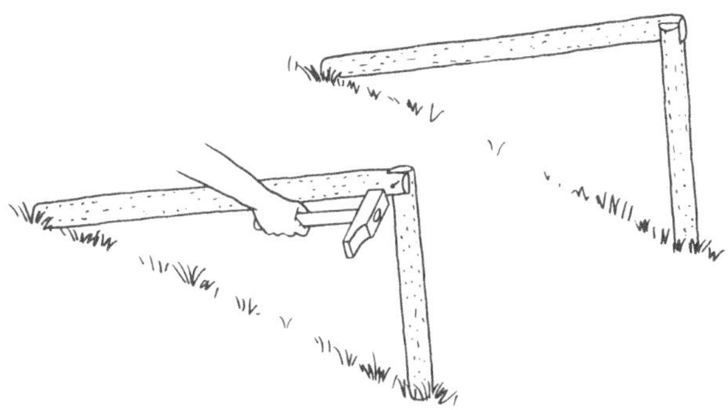

3 Schlagen Sie den ersten Pfosten in den Winkel, den die Sitzfläche und der Querträger bilden, jedoch leicht schräg, damit der Pfosten mit der Sitzfläche einen Winkel von 90 Grad bildet. Legen Sie beim Einschlagen mit dem Hammer gegebenenfalls ein Stück Holz dazwischen, um die Pfosten nicht zu beschädigen.

4 Machen Sie dasselbe mit dem zweiten Pfosten.

5 Befestigen Sie die drei Querträger für die Lehne mit dem Kreuzbund (siehe S. 28).

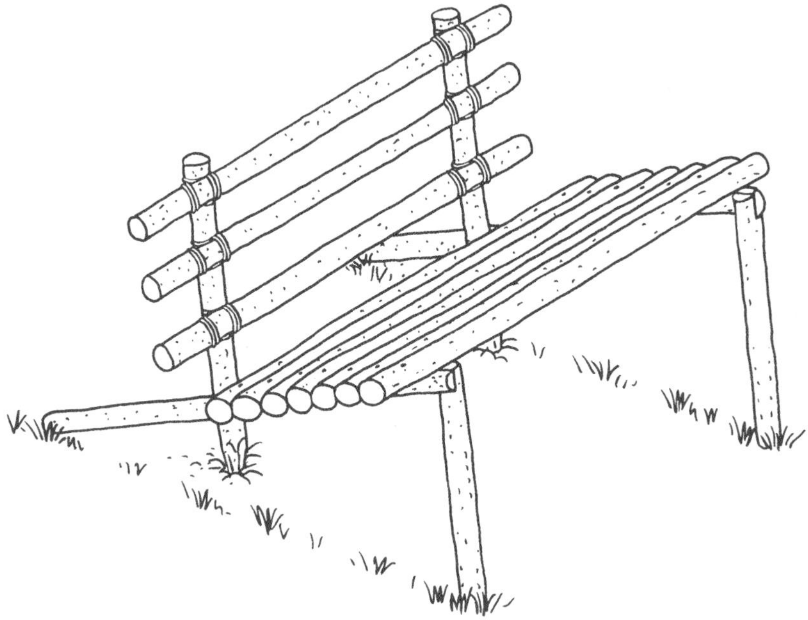

ABWANDLUNG

Die Neigung einstellen
Wenn Sie eine gerade Sitzfläche wünschen, müssen Sie nur einen entsprechenden Keil am Hang unter die Querträger schieben. Die Lehne wird sich automatisch anpassen.

Für Kinder ist es nicht nur ein Abenteuer, beim Bauen von Bushcraft-Möbeln zu helfen, sondern schon fast ein magisches Erlebnis! ▶

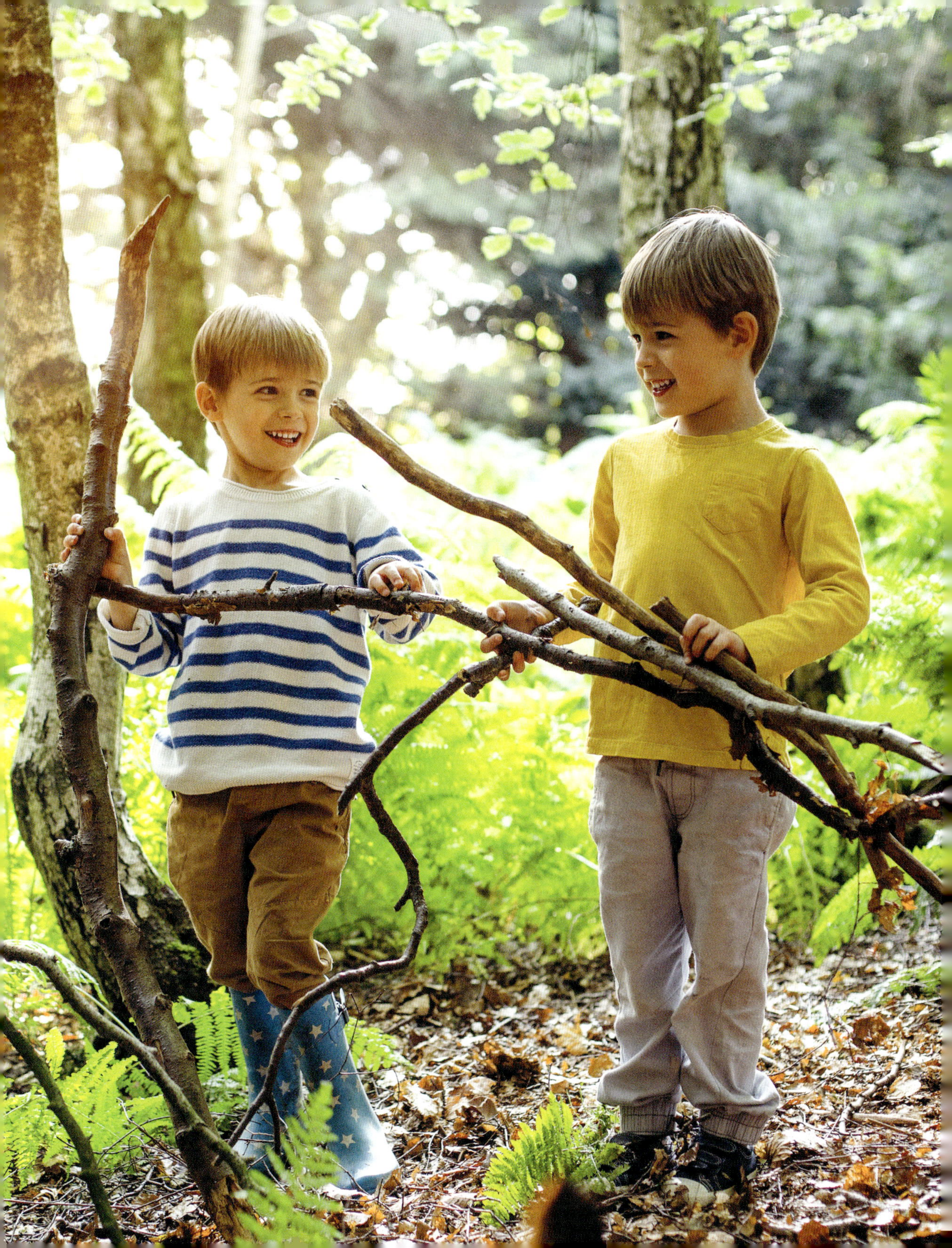

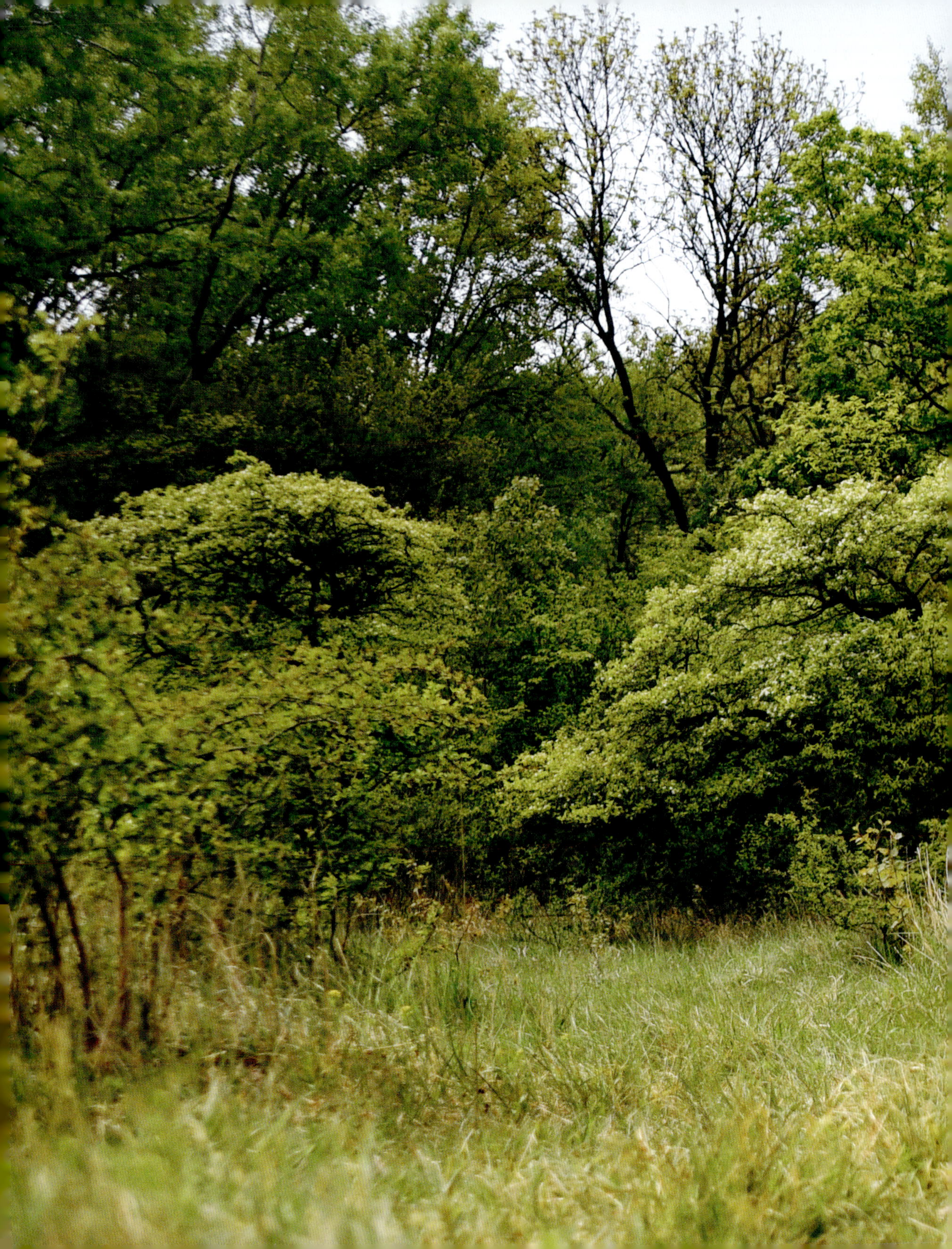

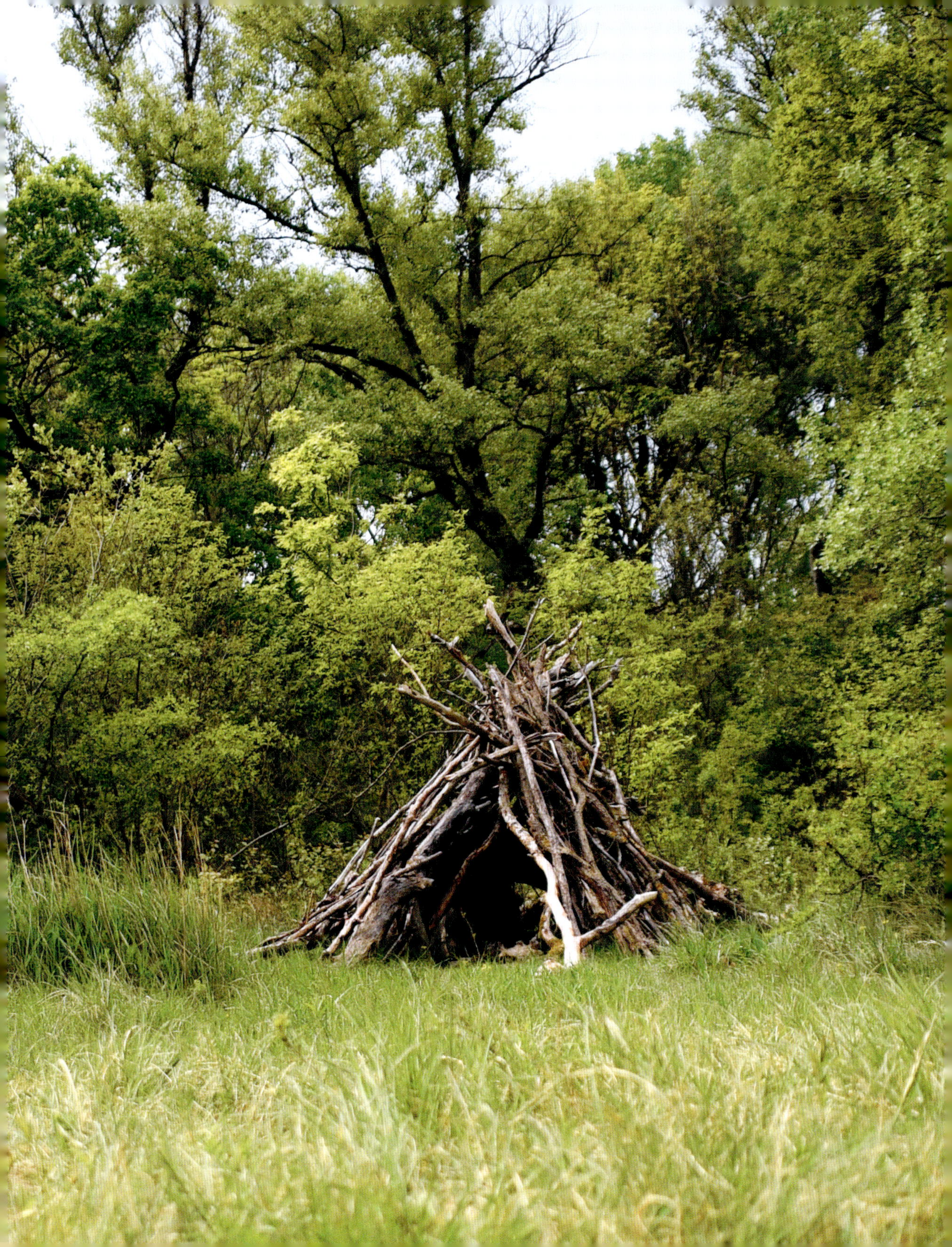

BUSHCRAFT-ADRESSEN

WERKZEUGE, SEILE UND MATERIALIEN:

Bundeswehr- und Freizeitshop
Zeppelinstr. 2
98617 Meiningen
www.bw-online-shop.com

Bw-shop Eifel
Neue Strasse 5
54552 Dreis-Brück
info@bw-shop-eifel.de

DICTUM GmbH
Gottlieb-Daimler-Str. 3
94447 Plattling
www.dictum.com

Grube KG Forstgerätestelle
Hützeler Damm 38
29646 Bispingen
www.grube.de

Westfalia Werkzeugcompany GmbH & Co KG
Werkzeugstr. 1
58082 Hagen
www.westfalia.de

BÜCHER:

Bruce Kershner: National Wildlife Federation Field Guide to Trees of North America, Sterling, 2008

Chris Holland: I love my World, Wholeland, 2014

Jon Young, Evan McGown und Ellen Haas: Coyote‘s Guide to Connecting with Nature, Owlink Media, 2010

Naomi Walmsley & Dan Westall: Wald – Dein größtes Abenteuer, Heel, 2019

Paul Sterry: Collins Complete Guide to British Trees, Collins, 2008

Ray Mear: Ray Mears‘ Bushcraft, Coronet Books, 2004

Tristan Gooley: How to connect with Nature, Macmillan, 2014

WEBSITES:

www.bushcraft-deutschland.de

www.bushcraft-freunde.de

www.bushcraft-germany.com

www.outdoorseiten.net

www.survivalforum.ch

www.survival-forum.com

www.team-survival.de

IM EINKLANG MIT DER NATUR

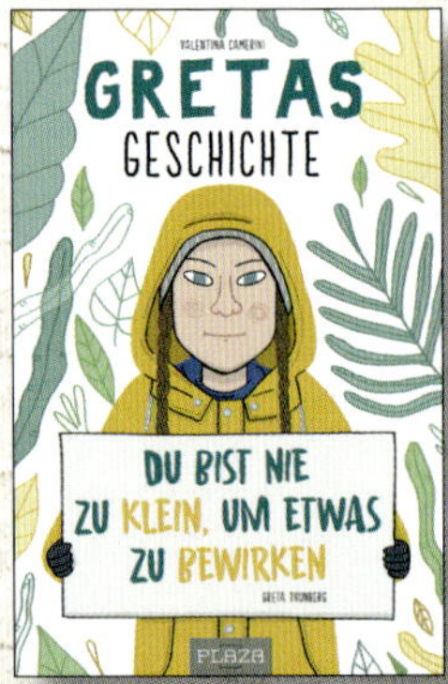

144 Seiten, Klappenbroschur,
135 x 206 mm
ISBN 978-3-95843-984-9
€ 9,99

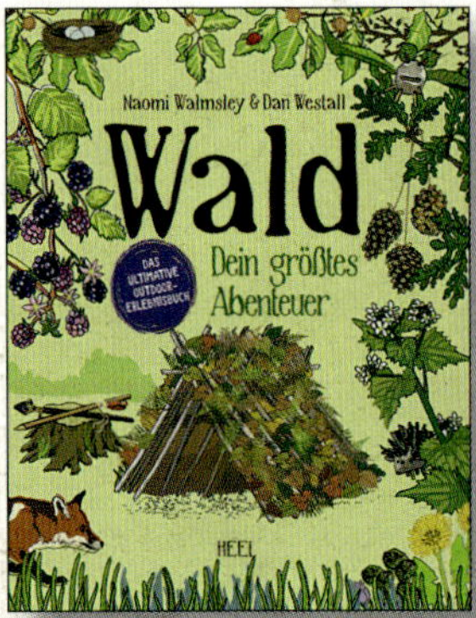

176 Seiten, Hardcover,
215 x 260 mm
ISBN 978-3-95843-884-2
€ 19,99

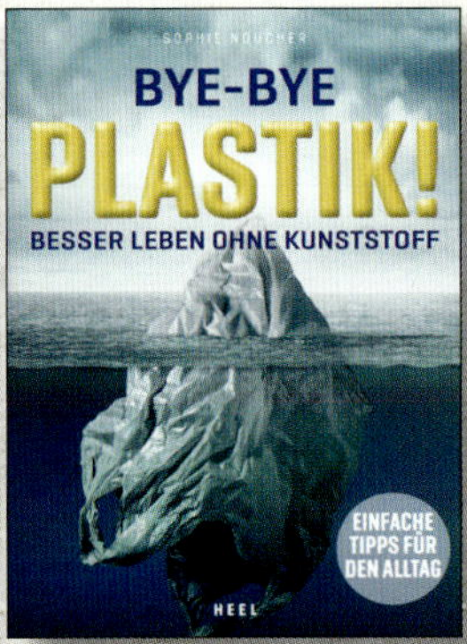

160 Seiten, Broschur,
150 x 210 mm
ISBN 978-3-95843-914-6
€ 14,99

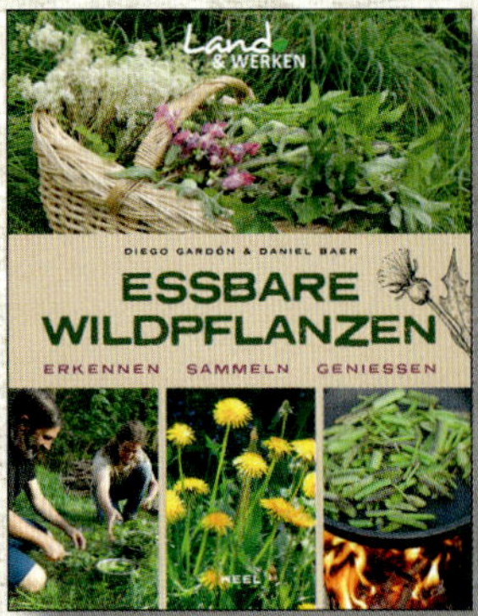

120 Seiten, Broschur,
183 x 225 mm
ISBN 978-3-95843-477-6
€ 14,99

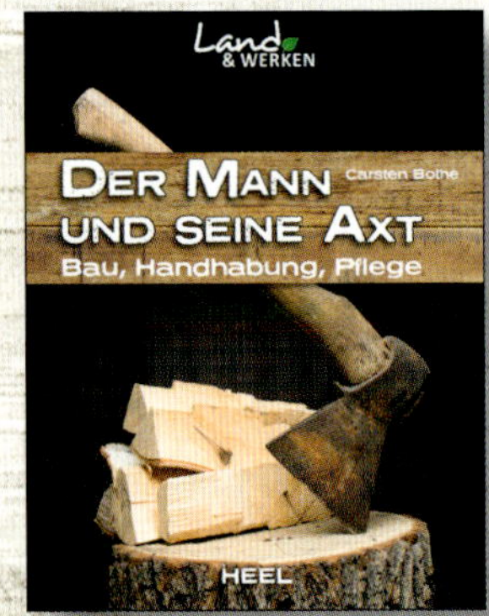

80 Seiten, Broschur,
183 x 225 mm
ISBN 978-3-95843-177-5
€ 9,99

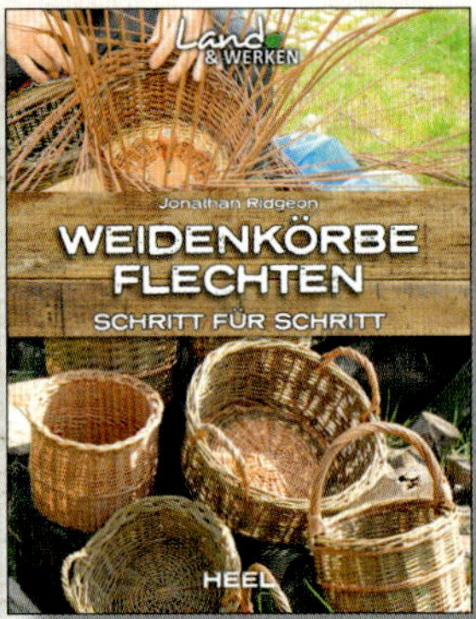

144 Seiten, Broschur,
183 x 255 mm
ISBN 978-3-95843-364-9
€ 16,99

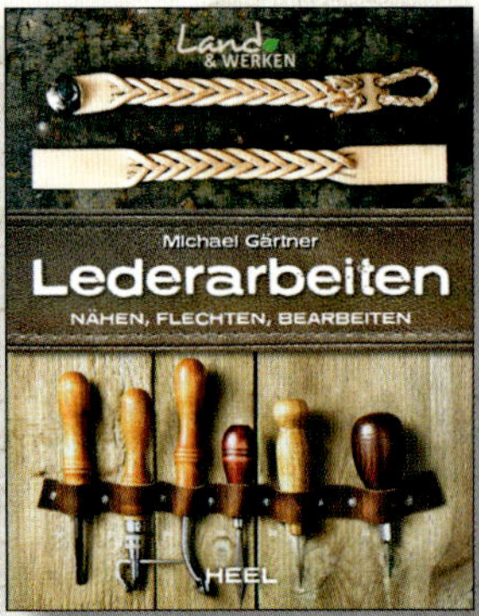

128 Seiten, Broschur,
183 x 225 mm
ISBN 978-3-95843-493-6
€ 14,99

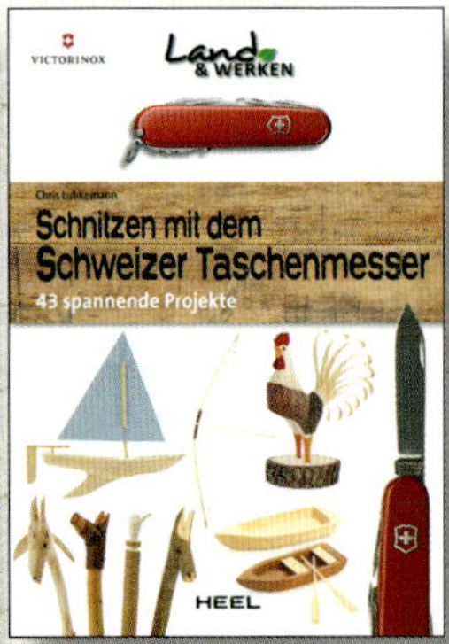

136 Seiten, Hardcover,
153 x 229 mm
ISBN 978-3-95843-232-1
€ 14,99

Unser komplettes Programm erhalten Sie in jeder Buchhandlung und unter www.heel-verlag.de